日本国際経済学会編

国際経済　第67巻

新興国と世界経済の行方
―貿易・金融・開発の視点―

日本国際経済学会研究年報

2016

目　　次

第74回全国大会　　共通論題
新興国と世界経済の行方―貿易・金融・開発の視点―

自由市場国と国家資本主義国の衝突と貿易摩擦………… 川島富士雄（ 1 ）
　コメント…………………………………………………… 若杉　隆平（ 25 ）
先進国金融政策の新興国への影響
　～国際資本移動に伴うリスクと規制の課題…………… 大田　英明（ 29 ）
　コメント…………………………………………………… 川﨑健太郎（ 66 ）
アジア新興国と中所得国の罠……………………… トラン・ヴァン・トウ（ 69 ）
　コメント…………………………………………………… 郭　　洋春（104）

投稿論文

自由貿易協定における厚生改善的な原産地規則の分析：
域内最終財生産企業による買い手独占のケース………… 溝口　佳宏（107）
2015年のジャパン・プレミアム：円投／ドル転スワップを
利用したドル調達の構造的脆弱性に関する考察………… 鈴木　佳子（123）

会報

日本国際経済学会第74回全国大会　　153
日本国際経済学会第6回春季大会　　160
会員総会の議事と決定　　165
役員名簿　　168
役員の業務分担　　170
各支部の活動報告　　172
　関東支部　　172
　中部支部　　173
　関西支部　　174

九州・山口地区研究会　176
本部・各支部事務局所在地　177
日本国際経済学会　会則　179
「役員・本部機構」内規　182
「常任理事・理事の職務分担」内規　187
「出版委員会の役割」内規　189
「投稿論文審査」内規　190
「選出理事選考」内規　191
「全国大会運営」内規　192
「会員資格」内規　194
「日本国際経済学会小島清基金の運営」　195
廃止された内規等の記録　197

共通論題

自由市場国と国家資本主義国の衝突と貿易摩擦 *

神戸大学　川島富士雄 **

要旨

　ブレマーが警鐘を鳴らしたように，米国を代表格とする自由市場国と中国を代表格とする国家資本主義国の間の貿易摩擦は，前者による後者の産品に対するアンチダンピング税や補助金相殺関税の賦課，それら措置や補助金をめぐる両者間のWTO紛争とさまざまな形態をとって展開してきた。本稿では，これらの現象が，現行の貿易ルールにどのような課題を突き付け，これらに対し，いかに変容を迫りつつあるか検討する。

キーワード：国家資本主義，貿易摩擦，WTO，TPP，国有企業

1. はじめに——国際経済法における「市場と政府」をめぐる変遷と新たな課題——

　第2次世界大戦後の世界貿易体制を支えた関税及び貿易に関する一般協定（以下「GATT」という。）は，東西冷戦構造の下，社会主義国という異なる経済体制国との共存を前提とした，体制間インターフェイス規律を設けてい

---

* 本稿は，2015年11月7日に専修大学で開催された日本国際経済学会における発表論文に一部加筆修正を行ったものである。学会では多数の貴重なコメントを頂いた。ここに記して謝意を表したい。
** E-mail: fkawa@port.kobe-u.ac.jp

た[1]。その具体例が，輸入独占の場合の譲許の義務の特則を設けたGATT2条4項，貿易を独占し，かつ政府が国内価格すべてを決定している国家についてダンピングマージン計算に関する特則を設けた同6条注釈，国家貿易に関する規律を定めた同17条等である。

しかし，こうした異なる経済体制間の共存を前提とした制度設計は，旧ソ連崩壊（1990年代初）にともなう冷戦の終結と資本主義と民主主義の勝利により「歴史の終わり」に至るとの主張をも生み出した当時の認識変化の結果[2]，大幅に後退することとなる。1995年に発足した世界貿易機関（以下「WTO」という。）の各協定においても，新自由主義（ネオリベラリズム）の発想に基づき[3]，例えば，補助金及び相殺措置に関する協定（以下「補助金協定」という。）に市場における政府の役割に対し大幅な制約を加える規律が置かれただけでなく，同協定を含む複数の協定に，「市場経済への移行」を前提とする制度設計が盛り込まれた[4]。

しかし，2008年に顕在化した世界金融経済危機以降，急速に自由市場主義への懐疑論が広がり，その自信喪失を反映するかのように，「北京コンセンサス」や「中国モデル」といった標語の下，自由市場主義に挑戦する考え方が，新興国を中心に急速に蔓延しつつあるのではないかとの懸念が表立って提起された[5]。この一環として，欧米を中心に，21世紀は自由市場国対国

---

[1] 異なる経済体制間のインターフェイス規律という概念については，次を参照。Jackson (1989), pp. 280, 291–292.
[2] Fukuyama (1992).
[3] 新自由主義の展開については，Harvey (2005) 参照。
[4] 補助金協定29条は「市場経済への移行 (Transformation into a Market Economy)」と題し，同1項は，「中央計画経済から市場自由企業経済への移行過程にある加盟国は (Members in the process of transformation from a centrally-planned into a market, free-enterprise economy)，この移行のために必要な制度及び措置を適用することができる。」と規定し，2項以下が特別の経過期間（例えば，禁止補助金は7年以内に廃止等）を認めている。知的所有権の貿易関連の側面に関する協定(TRIPS)65条3項の類似規定も参照。
[5] *See e.g.*, Halper (2010).

家資本主義国の対立の時代であるとして，後者に対する警戒を求める議論が，活発に展開された[6]。これらの現象は，移行による経済体制の「収斂」が幻想にすぎず，異なる経済体制（又は少なくとも「異質な経済」）との共存がしばらくの間，継続する厳然たる事実が再認識され，それに伴い国際経済法にも新たな課題が発生する可能性を示唆していた。

以上の背景の下，本報告は，2において，「自由市場国と国家資本主義国の衝突」を反映すると考えられる経済摩擦を具体的に紹介する。さらに，3では，2で紹介した現象が従来の経済摩擦とどのような連続性や非連続性を有しているのか検証しつつ，4では，上記の衝突が既存の貿易・経済に関するルールや秩序にどのような課題を突き付け，これらに，いかなる変容を迫りつつあるか展望する。

2.「自由市場国と国家資本主義国の衝突」を反映する摩擦

中国に代表される国家資本主義国が輸出国としてだけでなく，輸入国，投資先及び投資母国としても，そのプレゼンスが向上しつつある現状において[7]，「自由市場国と国家資本主義国の衝突」を反映する摩擦も，以下のように，物の貿易，サービスの貿易及び投資と多岐にわたる。

2.1 国家資本主義国に対するアンチダンピング税賦課

第1に，国家資本主義国からの輸出に対し，いわゆる非市場経済（non-

---

[6] Bremmer (2010)．ブレマーは，国家資本主義国を，「政府が主として政治上の利益を得るために市場で主導的な役割を果たすシステム」と定義し（*Ibid.*, p. 43），資本主義を受け入れ，市場を廃止しようとしてはいないが，それを自分たちの目的に沿って利用しようとし（*Ibid.*, p. 53），国有企業，民間の旗艦企業及び政府系ファンドを主な手段として用いる国家と性格づけている（*Ibid.*, p. 54）。ブレマーは，後の著作で，米中間で市場アクセス，投資ルール，通貨価値などの経済手段による直接的な形での衝突，つまり「冷戦2.0」と呼ぶべきシナリオが現れる見込みが大きいと論じている。ブレマー（2012）214–215頁。

[7] Kowalski and Perepechay (2015).

market economies）に対する特別ルール（以下「NME方式」という。）が適用され，アンチダンピング税が頻繁に賦課されている。アンチダンピング調査で算出されるダンピングマージンは通常，対象国の国内価格と調査国向けの輸出価格の差額により計算されるが，NME方式が適用される場合，対象国の国内価格は市場原理を反映していないとして無視され，代替国のコスト等を積み上げて構成された価額と輸出価格の差額によってダンピングマージンが計算される。この場合，代替国の選択やコスト計算において調査当局の裁量の余地が大きく，ほぼ常にダンピングマージンが算出されることとなる。

　アンチダンピング措置の主なユーザー国のうち，NME方式を適用する代表国である米国及び欧州連合（EU）が，NME方式対象国に対しアンチダンピング税を賦課した件数を見ると，表1の通りである。両国ともNME方式対象国全体のうち，中国が約90％を占めているだけでなく，中国に対する賦課件数は，両国の1995年以降の20年間における賦課総数の約30％を占めている。

　最近のアンチダンピングに関するWTO紛争でも，中国やベトナムが申し立てた，欧米のNME方式の適用に関係する紛争の占める割合が多い[8]。

---

[8] *United States — Preliminary Anti-Dumping and Countervailing Duty Determinations on Coated Free Sheet Paper from China*, DS368; *United States — Definitive Anti-Dumping and Countervailing Duties on Certain Products from China*, DS379; *European Communities — Definitive Anti-Dumping Measures on Certain Iron or Steel Fasteners from China*, DS397; *United States — Anti-dumping Measures on Certain Shrimp from Viet Nam*, DS404; *European Union — Anti-Dumping Measures on Certain Footwear from China*, DS405; *United States — Anti-Dumping Measures on Shrimp and Diamond Sawblades from China*, DS422; *United States — Anti-Dumping Measures on Certain Shrimp from Viet Nam*, DS429; *United States — Countervailing and Anti-dumping Measures on Certain Products from China*, DS449; *United States – Certain Methodologies and their Application to Anti-Dumping Proceedings Involving China*, DS471.

表1　欧米による NME 方式の適用件数

	米国	EU
アルメニア	0	1
ベラルーシ	1	4
中国	99 (90%)	85 (88%)
カザフスタン	—	2
モルドバ	2	0
ベトナム	8	4
合計	110	96
賦課総数	345	298

出典　WTO ウェブサイトの情報に基づき著者作成
注　2014 年末時点で NME に指定されている国のみ計算

2.2　国家資本主義国に対する補助金相殺関税賦課

　2007 年以降，国家資本主義国による補助金をめぐって頻繁に補助金相殺関税が賦課されている。2006 年，中国産コート紙相殺関税調査過程において，米国商務省が，非市場経済国の産品は相殺関税調査対象としないとの従来の慣行を変更し，中国産品に対する相殺関税調査を是認したことをきっかけとして，その後，米国国内産業による中国産品に対する相殺関税調査要請と同賦課決定が急増した[9]。米国を追随するように EU 等も同様な動きを見せている（表 2）。

　中国が WTO 加盟後，WTO 紛争解決手続を申立国として利用した事件は，2015 年末現在，計 13 件である。そのうち，上記の米国による対中相殺関税に関係する事件は，①コート紙に対するアンチダンピング及び相殺関税仮決定事件（DS368），②4 製品に対するアンチダンピング及び相殺関税賦課事件（DS379），③22 製品に対する相殺関税調査事件（DS437）及び④アンチ

---

[9] Antidumping and Countervailing Duty: Federal Register Notices and Unpublished Decisions, at http://ia.ita.doc.gov/frn/index.html. 米国・対中国産コート紙（Coated Free Sheet Paper）相殺関税調査及びその後 2011 年上半期までの相殺関税調査については，川島（2011b）13–21 頁。

表2 欧米各国による相殺関税調査開始件数及び賦課決定件数

	米国	EU	カナダ	オーストラリア	合計
中国	46（29）	9（5）	20（15）	10（6）	90（56）
ベトナム	5（2）	1（0）	1（0）	0	7（2）
インド	18（9）	20（13）	7（5）	0	65（36）
インドネシア	9（4）	5（2）	2（1）	0	19（8）
韓国	13（6）	7（2）	2（0）	0	24（9）
タイ	4（1）	5（1）	2（1）	0	14（3）
合計	156	74	49	18	380（202）

出典　WTOウェブサイトの情報に基づき著者作成
注（　）内が賦課決定件数。合計はその他を含む。

ダンピング及び相殺関税調査における二重賦課事件（DS449）の4件で，全体の約3分の1を占める。①は，米国国際貿易委員会が国内産業への損害がないとの決定を下したため，パネル設置に至らなかったが，②は，パネル及び上級委員会（以下「上級委」という。）報告まで至り，上級委は，米国商務省による中国国有企業の公的機関性の認定等が補助金協定違反を構成するとの判断を下した[10]。③では，米国商務省が開始した22件の相殺関税調査に関し，②の上級委による補助金協定違反との判定後も，国有企業を公的機関と認定し続けていることが，やはり補助金協定違反を構成するとの判断が下された。④では，米国が中国の同一産品に対しNME方式適用によるアンチダンピング税と補助金相殺関税を同時に賦課している慣行がいずれかの協定違反を構成することが②に続いて再確認された。この中でも，本稿の観点からは，特に，国有企業が補助金協定1.1条（a）（1）の（補助金を供与する）「公的機関」に該当するかどうかが争われた②と③が注目される。また，中国の国有企業を「公的機関」と認定できるかどうかという争点とも関係するが，補助金協定14条における補助金額の算定に当たって，中国における市場価

---

[10] Appellate Body Report, *United States – Definitive Anti-Dumping and Countervailing Duties on Certain Products from China*, WT/DS379/R, adopted 25 March 2011. 本件パネル及び上級委報告の分析として，川島（2011b）26–39頁。

格を，その非市場経済性故に「妥当な対価」のベンチマークとして無視し，世界市場価格や第三国市場価格といった代替的ベンチマークを採用することができるか等について激しく争われている[11]。

2.3 国家資本主義国による補助金に関するWTO紛争

2015年末現在，中国に対するWTO紛争解決手続に基づく協議要請が行われた件数は同一措置に対するものを1件と数えれば計22件である。そのうち，補助金に関する紛争は，①集積回路増値税還付事件（DS309），②各種税減免等事件（DSDS358及び359），③世界トップブランド補助金等事件（DS387，388及び390），④風力発電装置補助金事件（DS419）[12]，⑤自動車及び同部品輸出補助金事件（DS450），⑥繊維衣類製品輸出補助金事件（DS451），⑦対外貿易改善プログラム輸出補助金（DS489）及び⑧国産航空機増値税免除事件（DS501）の計8件と，3分の1以上を占める。②，③及び⑤～⑦では主に輸出補助金が問題とされ，①，④及び⑧では，国内産業向け優遇税制及び国内産品優先使用補助金が問題となった[13]。

上記8事件や2.2で紹介した相殺関税賦課決定の多さから，中国政府が産業政策手段として補助金を活用している実態が浮かび上がる。これら以外にも，実質的に国産部品使用を優先するローカルコンテント要求が問題となった⑧自動車部品輸入措置事件（DS339，340及び342）[14]，⑨鉱物資源輸出制限事件（DS394，395及び398）[15]，並びに⑨での中国敗訴を受け，類似の輸出制限に対し申立てが行われた⑩レアアース等輸出制限事件（DS431，432

---

[11] この問題は，ひとり中国だけの問題でなく，インドに対する相殺関税の事件でも同様に争われている。

[12] 以上の4件の補助金関連事件の詳細については，川島（2011b）10–12, 22–23頁参照。

[13] 8件のうち4件で，主に米中間協議の結果，中国がこれらを撤廃することを約束しており，パネル設置前，又はパネル審理に入る前に紛争が解決している。1件（⑦）ではパネル設置後に米中間で合意に至っている。残りの3件では，米中及び墨中間でいかなる解決がなされたのか明らかではない。

[14] 川島（2009）203–225頁。

及び433）は，いずれも産業政策関連事件と性格付けることができる。これら3件も加えれば，中国被申立事件の22件のうち，半数の計11件が産業政策関連事件となる[16]。

2.4 鉄道等インフラ輸出をめぐる日中間競争

現在，鉄道等インフラ輸出をめぐって，日中間で熾烈な競争が繰り広げられ，国家が取りうる手段を総動員した形での市場争奪戦が展開されている。この競争においては，政府系金融機関による優遇融資や輸出信用等，輸出補助金に分類可能な政策手段に加え，政府開発援助（ODA）や政府調達等さまざま政策手段が動員されており，従来の国際経済法上，どのような規律が加えられるのか必ずしも十分に整理されていない。

さらにこれに油を注ぐ要素は，中国が主導しているアジアインフラ投資銀行（AIIB）の設立である。中国の思惑が自らの新シルクロード「一帯一路」構想の実現に向け，AIIBを一種のう回路として活用することである場合，主として中国の資本がプールされたAIIBが主に中国の方針に従って運営されるとしたら，その開発・投資支援活動を中国による「補助金」とみなすことができるのかという極めて難しい課題を国際経済法につきつけている。

この激烈な競争は，例えば，日本の新幹線導入案を退け，最終的に中国による高速鉄道の敷設計画を承認したインドネシアのように好条件でのインフラ整備を希望する国にとっては願ってもない好機である。しかし，この案件においては，日本が中国の有利な条件に対抗しきれなかったことが問題であ

---

[15] 中国は各種鉱物資源の輸出制限の目的として環境保護又は資源保存を掲げ，GATT20条b号又はg号による正当化を試みた。川島（2011a）37–43頁。しかし，パネル及び上級委報告はいずれの正当化も拒絶しており，同輸出制限はむしろ産業政策的目的に基づく疑いが濃厚である。⑨の事件のパネル及び上級委報告について，松下（2011），同（2012）及び川島（2013）1–55頁。⑩の事件のパネル及び上級委報告について，川島（2016a）。

[16] これ以外のWTO違反のおそれのある補助金供与については，川島（2011b）5–6頁。

るだけでなく，政府による支援を総動員する余裕のない（が，インフラの品質面では勝るとも劣らないかもしれない）日中以外の第三国が，そもそも競争の土俵にすら上がれなかった可能性があることが指摘されるべきだろう。世界的なインフラ整備市場においては，そうした巨大な競争歪曲が生じていると言わざるを得ない。

2.5　TPP協定交渉における国有企業規律の導入

　国家資本主義国の国有企業に対する優遇措置（補助金を含む）のもたらす競争歪曲に対する懸念から，環太平洋経済連携（TPP）協定交渉において，米国が国有企業に対する特別規律案を提案した。これに対し国家資本主義国らが強く反発したことで，同交渉の行方が大きく左右された。

　2011年2月，TPP交渉に向け，全米サービス産業連盟（CSI）及び米国商工会議所が，中国を代表とする国々の国有企業が民間企業との間の競争において不当に有利となっているとの懸念を表明し，「公平な競技場（a level playing field）」を確保すべく特別規律の導入を提案した[17]。具体的には，民間企業との競争上の中立性確保の規律案として，国有企業及び国家支援企業（State-Sponsored Enterprises）に関する透明性確保，政府による非商業的資金援助の禁止，競争法制定・執行義務，差別的適用除外の禁止，独占的資産又は市場地位の濫用行為の禁止等の義務付けを盛り込んだ。同提案は短期的にはTPP交渉に向けたものではあったが，米国内では，国有企業規律提案及び同交渉は，中長期的観点から，中国の国有企業に対する政府支援による競争歪曲に対処するルールのテンプレートを設定するためのものであるとの認識が公然と語られている[18]。

　国内からの提案を受け，米国政府は，2011年10月，TPP第10回ラウンド

---

[17] Coalition of Services Industries & U.S. Chamber of Commerce's Global Regulatory Cooperation Project, *State-Owned Enterprises: Correcting a 21St Century Market Distortion*, February 22, 2011.

[18] Fergusson, McMinimy and Williams (2015) p. 43.

（ペルー・リマ）において国有企業等に対する規律の強化を求める提案を行った[19]。しかし，国有企業の経済に占める割合の大きなベトナム，マレーシアらが強く反発した結果，2013年まで同規律交渉にほとんど進展が見られず，TPP交渉において再難航交渉の1つとなった[20]。

2014年2月になり，国有企業が各国の国内市場においてサービス提供を行う場合は，各国は援助を与えてもよいとの合意ができたと報道された[21]（後述の第17章の義務内容のうち，②の国内サービス例外がこの時点で合意されたと推測可能）。さらに，2014年7月及び9月，国有企業規律に対し強い抵抗を示してきたマレーシア，ブルネイ及びベトナムからカーブアウトリスト（後述⑥の適用除外国有企業のリスト）が相次いで提出された。こうした適用除外に関する議論が進められた状況は，その段階ですでに米国がベトナム，マレーシアなどからの強い抵抗を受け，すべての国有企業に対し原則を貫徹することを諦め，適用除外を許容する柔軟な姿勢に転換し，いわば「実を捨て，名を残す」戦略に変わったことを示唆していた[22]。

2015年10月5日，TPP交渉は大筋合意に至り，翌2016年1月26日の正式な協定文の公表を経て，同2月4日，交渉各国はTPP協定に署名した。その第17章（国有企業及び指定独占企業）は，主に次のような義務等を規定する[23]。

①国有企業及び指定独占企業（以下「国有企業等」という。）が物品又はサービスの売買を行う際，商業的考慮に従い行動し，かつ他の締約国の企業及びその対象投資財産である企業，それらによって提供される物品及びサービスに対して無差別待遇を与えることを確保する。但し，公共サービスの任務を有する国有企業は，商業的考慮から外れた行動が認め

---

[19] 日本経済新聞2011年10月27日夕刊2面。
[20] 川島（2015a）7–14頁。
[21] 同上，12頁。
[22] 同上，14頁。
[23] 同章のより詳しい紹介及び解説として，川瀬・川島（2016）。

られる（17.4条）。
②国有企業に対する非商業的援助（例　贈与，市場より有利な条件での融資等）を通じて，不当な競争上の優位を与え，他の締約国の利益に悪影響を及ぼしてはならない（ただし，自国内で国有企業が供給するサービスを除く。）（17.6条）。
③全国有企業のリストを公表し，かつ，要請に応じ，国有企業等に対する政府所有，政府支配及び非商業的政府援助に関する情報を共有する（透明性）（17.10条）。
④国有企業を設立又は維持することは妨げられない（17.3条9）。
⑤国有企業と非国有企業間で公平な態様で規制上の裁量を行使しなければならない（17.5条2）。
⑥以上の規定はすべて国対国の紛争解決手続に服するが，各締約国は，特定の規律を自国の特定の国有企業等の特定の活動については適用しないとして，国別附属書で留保する。

　⑤の国有企業と非国有企業間で公平な態様で規制上の裁量を行使する義務は，「規制」の分野・内容について限定が付されていないため，②の「援助」の定義から外れる規制上の優遇に幅広く対処できる可能性がある。例えば，2014年10月頃構想が浮かび上がった中国南車・北車合併計画は，独禁法に基づき中国競争当局に届出られたが，ほどなく無条件で承認された。外国企業による合併を厳しく審査する一方で，国内市場をほぼ独占することになる国有企業の合併を無条件で承認する場合，これを「不公平な規制上の裁量の行使」とみなし，TPPの国有企業ルールによって規律対象とすることができるのかが今後の焦点となろう。
　①の公共サービス例外や②の自国内サービス例外は，いわば国有企業が担う公益上の機能を尊重する意見を容れた規定と理解できるが，特に後者は，②の非商業的援助の規律の適用範囲を大きく狭める機能を有する。さらに，ベトナム，マレーシアが提出した⑥の国別附属書の留保リストは広範なもの

となっており[24]、国有企業規律交渉を支持推進した米国国内利害関係者の要請に十分にこたえる形となっているのか疑問なしとしない。

2.6 投資分野での摩擦

こうした衝突は，貿易の場面のみならず，投資の場面にも広がりつつある。例えば，中国国有（70％）企業である中国海洋石油集団資源公司（CNOOC）による UNOCAL 買収が対米外国投資委員会（CFIUS）の審査手続中に，米国議会からの安全保障上の懸念表明を受け断念された事件（2005 年）等を背景に，米国のエクソン・フロリオ修正法は，2007 年外国投資国家安全保障法による改正を受け，国防産品法に組み入れられた[25]。

上記の外国投資に関する国家安全保障審査のリスクの高まりを受け，政府系ファンド側の保護主義を回避したいという利益と投資受入国側の政府系ファンドによる投資にともなう懸念を解消しつつ，それらによる投資を維持したいという利益のバランスを図るため，国際通貨基金（IMF）の傘下に政府系ファンド国際作業部会が設置され，その作業は，2008 年，特にアラブ諸国のオイルマネー等の運用を担当する政府系ファンドが，投資行動に関する透明性確保，政治的考慮の排除[26]，民間企業との競争上の中立性（competitive neutrality）の確保等を遵守することを柱とする自主行動基準，いわゆる「サンチャゴ原則」として結実した[27]。

---

[24] 藤田（2016）及び熊谷（2016）。但し，ベトナム及びマレーシアを含む各国留保は，公共政策（例えば民族政策）達成のための優遇措置やそれを支えるための援助で，かつ自国市場内に関するものに集中しており，国外市場に悪影響を及ぼす場合についての留保はごく限られている。川島（2016c）8 頁。
[25] 柏木（2009）67–70 頁。
[26] 政府系ファンドによる政治的考慮に基づく投資の具体例として，中国の政府系ファンド中国投資有限責任公司（CIC）及び国家外国為替管理局（SAFE）が，台湾との外交関係断絶の見返りとしてコスタリカ国債 3 億ドル分を購入した事例（2008 年）が挙げられる。Bremmer (2010) p. 138 及び中谷（2011）628 頁。

関連した現象は，米国モデル二国間投資協定改訂作業にも見られる[28]。米国オバマ政権は，2009年，中国等との二国間投資協定（以下「BIT」という。）交渉を一旦凍結し，2004年モデルBITの改訂作業を開始した。米国国務省及び通商代表部の諮問を受けた国際経済政策諮問委員会（以下「ACIEP」という。）は，国有企業による対米投資に際し，国家又は国有商業銀行により市場金利以下の金利による融資が行われるなど反競争的な国家補助が行われる懸念に対応し，BITにこれに対処する規律を盛り込むべきか等について突っ込んだ検討を加えた。2009年9月30日公表のACIEP報告書本体は[29]，当該規律の導入を求める積極説と当該規律は投資協定の範囲外であり国内又は国際競争法で対処すべき問題であるとした消極説の両論を併記する形をとった[30]。このうち，積極説グループが，当該規律を具体化した条文案を盛り込んだAnnex Bを提出し，本報告書はこれを末尾に添付している[31]。

本報告書の提出から2年半を過ぎた2012年4月12日，米国通商代表部は，2012年米国モデルBIT（以下「本モデルBIT」という。）を公表した[32]。本モデルBITは，中国の国有企業を念頭に置いた規定をいくつか設けた一方で，ACIEP報告書Annex Bに盛り込まれた，反競争的国家補助を禁ずるような規定は採用していない。

---

[27] International Working Group for Sovereign Wealth Fund, Generally Accepted Principles and Practices (GAPP)—Santiago Principles, October 11, 2008. 本原則には，中国を含む23カ国が参加署名している。中国に関しては，中国投資有限責任公司が，その規律対象とされている。*Id.*, Appendix II.

[28] 小寺（2010）103–115頁。

[29] *Report of the Advisory Committee on International Economic Policy Regarding the Model Bilateral Investment Treaty* Presented to: The Department of State, September 30, 2009.

[30] *Ibid.*, para.22.

[31] *Ibid.*, Annex B, pp. 13–15. 米中投資協定において，国有企業等と民間企業の間の競争上の中立性原則等を導入すべきとの提案として，次を参照。2011 Report to Congress of the U.S.-China Economic and Security Review Commission, November 2011, p. 120.

[32] 2012 U.S. Model Bilateral Investment Treaty, April 12, 2012.

しかし，米国内では，モデルBITはあくまで他国との交渉をも対象にした一般モデルであり，中国とのBITにおいて十分とは言えず，そこでは，国有企業等の市場における行動に対する規律を導入すべきである，非市場経済国に限定した形で対米投資を審査するメカニズムを（CFIUSとは別に）新規導入すべきであるとの意見が早々に提起された[33]。

　中国国有企業による対米投資に対する懸念は，なお米国内でくすぶっている。例えば，米国議会が設置した米中経済安全保障再検討委員会は2014年報告書の中で，中国政府の優遇融資や優遇措置を受けた企業を国内に迎えることにより，米国国内企業は競争上の課題に直面するとの警鐘を鳴らしている[34]。

3. 従来の経済摩擦との連続性及び非連続性

　2で紹介した一連の摩擦は，21世紀の，そして中国を中心とした「国家資本主義国」に独特の摩擦といえるか。第1に，日本における国際経済法研究者の立場からは，中国の市場と政府をめぐる米国を中心とした批判は，20年以上前の日米貿易摩擦の全盛期において，日本に対し提起された「日本異質論」と似通った響きをもって聞こえる[35]。事実，中国に対する現在の批判の中でも頻出している「産業政策」，「公平な競技場（a level playing field）」，「外国

---

[33] Daly, Nova J., Prepared Statement Before the U.S.-China Economic and Security Review Commission Hearing on "The Evolving U.S.-China Trade and Investment Relationship", June 14, 2012, pp. 7–8, *at* http://www.uscc.gov/hearings/2012hearings/written_testimonies/12_6_14/NovaDaly.pdf. デイリーは，2006–9年，CFIUSのコーディネータ役を務めた元米財務省副次官補である。*See also* Drake, Celeste (AFL-CIO), Testimony regarding the Proposed Trans-Pacific Partnership Free Trade Agreement, Before the House Terrorism, Nonproliferation and Trade Subcommittee, May 17, 2012 (recommending "the consideration of a screening mechanism for SOE investments").

[34] 2014 Report to Congress of the U.S.-China Economic and Security Review Commission, November 2014, pp. 4, 114–115.

[35] 日本異質論の代表例として，ファローズ（1989）。

資本による買収」等は，当時もキーワードとして用いられた[36]。第2に，個々の現象のほとんどは，例えば，政府による補助金を中心とする産業政策とその競争歪曲効果といった従来から議論されてきた問題に分解可能である。

　他方で，第3に，2008年の世界金融経済危機の顕在化以降，先進国から新興国へと世界経済秩序におけるパワーバランスの過渡期にあるという認識が広まり，その中でも，とりわけ中国は輸出貿易の急速な拡大により莫大な外貨準備を蓄積し[37]，かつ2010年には国内総生産（GDP）世界第2位に躍進し，巨大な国内市場としても存在感を高めている。そうした中国による産業政策等に起因する競争歪曲が，中国市場のみならず，いわば世界市場全体における勝敗を左右しかねない事態に，米国を中心とする先進国が極めて神経質になっており，この文脈が，現在の中国に対する批判論や規律強化論に拍車をかけている観がある。第4に，日米貿易摩擦に際しては，政府と民間企業の間の特殊関係に対する批判は頻繁に見られたが，国有企業に対する優遇がその摩擦の主原因となることは少なかった[38]。しかし，現在の中国に対する批判論では，国有企業に対する優遇策が批判の焦点となっており，その点が大きな特徴である。従来から国営企業等の「独占的輸入者」としての弊害

---

[36] 2.6で紹介した米国大統領に国家安全保障を害すると認める対米外国投資を停止させる権限を与えた1988年エクソン・フロリオ修正法は，1980年代の日本企業による米国有名企業等の買収を背景に制定されたと言われる。柏木（2009）64–65頁。

[37] 2015年9月現在の中国の外貨準備高は約3.5兆米ドルに達している（WTO加盟直後の2002年1月は2174億米ドル）。中国人民銀行2015年貨幣統計概覧（黄金和外匯儲備），at http://www.pbc.gov.cn/diaochatongjisi/resource/cms/2015/10/2015101616461245964.htm。これは世界第2位の日本の外貨準備高約1.19兆米ドルの約2.9倍である。日本財務省「外貨準備等の状況（平成27年9月末現在）」（平成27年10月7日），at http://www.mof.go.jp/international_policy/reference/official_reserve_assets/2709.htm。

[38] その例外の1つが，旧日本郵政公社（現日本郵政）による簡易保険サービス提供をめぐる日米紛争である。この問題は，米国によるTPP交渉における国有企業等に対する規律提案においても，念頭に置かれていた。東條（2012）46頁。

表3　フォーチュングローバル500に占める中国企業の割合

	中国企業（うち国有企業）
2002年	11（6）
2011年	61（38）
2015年	98（76）

（輸入時の差別取扱いや関税譲許違反等）への対処の必要性は想定されていたが（GATT17条），現在はむしろ国有企業の「競争的輸出者，経営体又は投資家」としての弊害に関心が移りつつある（表3参照）[39]。つまり，国有企業への優遇策が，その国内市場における競争歪曲に留まらず，輸出先及び投資先市場において，当該国の国内企業や第三国企業との間の競争歪曲をも引き起こすのではないかとの強い懸念を惹起している。

4. 既存の貿易ルールに突き付けられた課題

2で検討した摩擦を受け，既存の貿易ルールがどの程度，そこで問題とされている競争歪曲の問題に対処可能なのか，その可能性と限界を検討する必要があろう。

4.1　物の貿易

物の貿易の分野では，第1に，すでにWTO補助金協定が，直接的な資金の移転のみならず，多様な形態の補助金を広範に規律対象としており（1.1条(a)），かつ，輸出補助金や国産品優遇使用補助金（レッド補助金）を禁止するだけでなく（3条），他の加盟国に悪影響を与える補助金（対抗可能

---

[39] フォーチュン誌の「世界の500社（2015年版）」のうち，98社が中国企業であり，そのうち76社を国有企業が占める（WTO加盟直後の2002年には，それぞれ11社，6社，2011年には，それぞれ61社，38社）。さらに，同トップ10に中央国有企業3社（6位→2位　中国石化，7位→4位　中国石油及び8位→7位　国家電網）がそれぞれランクインしている（2011年→2015年）。

補助金,イエロー補助金)に関する規律(第3部)も設けている。さらに,対抗可能補助金に関する規律(相殺関税賦課の許容を含む。)は,補助金交付国市場への輸出に悪影響が及ぶ場合(輸入代替又は輸入妨害)のみならず(5.1条(b)及び6.3条(a)),補助金交付国から他の加盟国に輸出し,当該国の国内産業に損害を与える場合(5.1条(a))や第三国の輸出産業に悪影響が及ぶ場合(輸出代替又は輸出妨害)をもその射程に入れている(6.3条(b))。補助金協定の以上のような広範な規律に基づけば,国有企業等に対する優遇策のうち補助金と分類可能なものであれば,それによって惹起される競争歪曲に十分に対処可能であると考えることができる(表4の物の貿易の行の各✓)。

むしろ,物の貿易に関しては,国有企業が市場に存在する事実のみに基づき,その市場における価格を無視し,第三国ベンチマークを用いて補助金の計算を行う形で相殺関税が濫用的に賦課されるおそれも否定できない。この点については,WTO紛争解決事案でルールの解釈が整理されつつあり,その行方を注視する必要がある[40]。

これに対し,第2に,国有企業等に対する優遇策のうち,競争法等政府規制における優遇の多くは補助金と分類することは難しい。しかし,これらの優遇の結果,販売,流通等に関する法令又は要件について,輸入品に対し同種の国産品と比べ不利な待遇を与えていると考えられる場合,GATT3条4項の内国民待遇原則に違反する。ただし,内国民待遇原則の適用範囲は,措置国の国内市場に限定され,政府規制における優遇策の影響が輸出先市場の国内企業や第三国からの輸出に及ぶ場合には有効な法的規律が見当たらない[41]。

---

[40] 川島(2015b)。

[41] 例えば,反競争的行為の黙認であれば,1960年の「制限的商慣習についての協議に関するGATT決定」に基づいて協議要請することは可能である。Restrictive Business Practices: Arrangements for Consultations, Report of Experts, adopted 2 June 1960, L/1015, BISD 9S/170. しかし,同決定はWTO紛争解決手続の対象協定に含まれず,同協議不調の場合もパネル設置要請は認められない。

表4　既存規律の状況

	援助国内市場	輸入国市場	第三国市場
物の貿易	✓（レッド・イエロー）	✓（相殺関税）	✓（レッド・イエロー）
サービス	△（内国民待遇）	―	―
投資	△（内国民待遇等）	―	―

2.5で見たTPP国有企業規律のうち，「規制上の裁量の公平な行使」の義務は，同種性の要件を必ずしも満たさない場合にも適用があると考えられ，国有企業に対する規制上の優遇に対する規律の強化につながる可能性がある。

4.2　サービス貿易

　サービス貿易の分野では，第1に，上記4.1の物の貿易の場合と異なり，補助金に関する全般的な規律がない。しかし，サービス分野における補助金も，サービス輸入国が問題となっているサービス分野において内国民待遇を約束している場合は，サービス貿易に関する一般協定（以下「GATS」という。）17条の内国民待遇原則の規律の対象となりうる（表4のサービスの行の△）[42]。

　他方，第2に，国内で補助金を得た，又は特権を与えられたサービス供給者の輸出に対する相殺措置の許容や対抗可能補助金に対応する規律は現行GATSには存在しない（表4のサービスの行の各―）。この点について，GATS15条1項は，補助金によるサービス貿易歪曲を回避するために「必要な多角的規律を作成することを目的として交渉を行う」と規定し，そこでは「相殺措置の妥当性」の検討も想定していた。これを受け，WTO設立後，設置されたGATS規律に関する作業部会における長期の議論にもかかわらず，

---

[42] Council for Trade in Services, 2001 Guidelines for the Scheduling of Specific Commitments under the General Agreement on Trade in Services (GATS), S/L/92, 23 March 2001, para.16. この点についての解釈論として，川瀬（2011）18–20頁。

表5　TPP国有企業規律の範囲[44]

	援助国内市場	輸入国市場	第三国市場
物の貿易	✓（レッド・イエロー）	✓（相殺関税）	✓（レッド・イエロー）
サービス	―（国内サービス例外）	TPP①	TPP②
投資企業の物品提供	TPP③	TPP④	TPP⑤

積極，消極の意見が衝突し，交渉開始の目処も立っていない[43]。

2.5 で見た TPP 国有企業規律は，サービス分野にもその規律が及び，この分野での WTO 規律の欠缺を埋めるという意味でも，重要な展開である（表5のサービスの行の TPP①及び②）。しかし，サービス分野における補助金規律の導入に当たっては，公共サービスを維持するための補助金（例えばユニバーサルサービス義務に対応した補助金）と国内産業保護として機能する補助金をどう切り分けるかという課題が必然的に伴う。2.5 で見た TPP 国有企業規律の②における「国内サービス例外」は，この課題に取り組んだ規定とも理解できるが，これにより規律から外れる範囲は必要以上に広範であるように見える。

4.3　投資

投資分野は，従来，BIT や自由貿易協定（FTA）・経済連携協定（EPA）の投資章等によって規律の対象となっているところ，投資受入国が国有企業を含む国内企業に対してのみ補助金を供与する一方で，同様の状況にある外国からの投資企業に対し同補助金を供与しない場合，内国民待遇原則違反や公正衡平待遇原則違反を構成する可能性がある（表4の投資の行の△）。他方，投資受入国が投資母国の供与した補助金による人為的競争力を考慮し，投資

---

[43] Working Party on GATS Rules, Report of the Meeting Held on 1 November 2011, Note by the Secretariat, S/WPGR/M/76, 2 December 2011, paras. 15–21.

[44] 同表の根拠条文も含めた，より詳しいバージョンとしては，川島（2016b）566 頁表 1。

受入に際し，競争条件を調整する法的規律は従来，見られない（表4の投資の行の各一）。

2.5で見たTPP国有企業規律は，投資企業による物品提供にもその規律が及び，この分野での従来規律の欠缺を埋めるという意味でも，重要な展開である（表5の投資企業の物品提供の行のTPP③〜⑤）。例えば，TPP④で導入された規律は，投資母国（例えば，ベトナム）が供与した補助金により，投資受入国（例えば，米国）内のベトナムの国有企業が人為的競争力を得て物品を提供することにより，米国内の国内産業に損害を与えることを禁ずるルールである。この物品提供は，あくまで国内販売であり，輸入を構成しないため，WTO補助金協定上の相殺関税の対象とすることができない。TPPの同ルールは，2.6で紹介した米国内の懸念に対応したものとなっている[45]。

5. おわりに

2の摩擦と4の既存ルールに突き付けられた課題の整理から，国家資本主義国による産業政策や国有企業への優遇策に対応した競争中立性確保のための調整規律の全般的な確立が，国際経済法上の喫緊の課題となりつつあることが分かる。こうした調整規律は，物の貿易に関しては既に十二分に確立している一方で，サービス貿易や投資においては必ずしも十分に発達していないという対照的な状況が浮び上がった。

この規律の不均衡発展状況の結果，産業政策や国有企業への優遇措置に対する懸念が，今後，サービス自由化や投資自由化の交渉を阻害する，又は既に阻害しつつあるとのおそれも指摘される[46]。2.5及び4で見たTPP国有企業規律は，長期的に中国を規律の対象国に加えることを視野に入れ，既存規律の欠缺を埋めようする試みであると位置付けることができる[47]。

以上から，国際経済法上において現在，喫緊とされる課題はいずれも，「政

---

[45] 注34及び本文対応部分。
[46] 川島（2012）139頁。
[47] 東條（2012）46–47頁及び同上。

府が担うべき機能は何か」,「市場と政府がいかに役割分担すべき」かといった,極めて経済学的な問いに直結したものであること,ひいては,国際経済法上のルールメイキングに対する経済学からのインプットは今まで以上に重要となっていることが明らかであろう。今後ますます国際経済学と国際経済法の両分野間の知的交流が活発となることを期待して,本稿を締めくくる。

(了)

※本稿は,公益財団法人村田学術振興財団平成27年度研究助成（H27助人12,研究代表者：川島富士雄）及び科学研究費補助金・基盤研究B（16H03552,研究代表者：川島富士雄）の成果の一部である。

参考文献
（著書）
Bremmer, I. (2010), *The End of Free Market*, Portfolio（ブレマー,イアン（有賀裕子訳）(2011)『自由市場の終焉―国家資本主義とどう闘うか』日本経済新聞出版社）.
ブレマー,イアン（北沢格訳）(2012),『「Gゼロ」後の世界―主導権なき時代の勝者はだれか―』日本経済新聞出版社.
ファローズ,ジェームズ（大前正臣訳）(1989),『日本封じ込め』ティビーエス・ブリタニカ.
Fukuyama, F.Y. (1992), *The End of History and the Last Man*, Free Press（フクヤマ,フランシス（渡辺昇一訳）(1992),『歴史の終わり（上・下）』三笠書房）.
Halper, S. (2010), *The Beijing Consensus: How China's Authoritarian Model Will Dominate the Twenty-First Century*, Basic Book（ハルパー,ステファン（園田茂人＝加茂具樹訳）(2011),『北京コンセンサス―中国流が世界を動かす？』岩波書店）.
Harvey, D. (2005), *A Brief History of Neoliberalism*, Oxford University Press（ハーヴェイ,デヴィッド（渡辺治監訳）(2007),『新自由主義―その歴史的展開と現在』作品社.
Jackson, J.H. (1989), *The World Trading System: Law and Policy of International Economic Relations*, 1st ed., MIT Press.
（論文）
Fergusson, I.F., M.A. McMinimy and B.R. Williams (2015), The Trans-Pacific Partnership (TPP) Negotiations and Issues for Congress, Congressional Research Service, R42694: 1–56.
藤田麻衣（2016),「17.2 国有企業章留保表（附属書IV）ベトナム」独立行政法人経済産業研究所 Web解説TPP協定,ver. 1.1,1–7頁.

柏木昇（2009），「国家安全保障と国際投資―国家安全保障概念の不確実性」『日本国際経済法学会年報』第18号，59–78頁．

川島富士雄（2009），「中国の自動車部品の輸入に関する措置」『ガット・WTOの紛争処理に関する調査 調査報告書XIX』独立行政法人経済産業研究所，203–225頁．

川島富士雄（2011a），「中国による鉱物資源の輸出制限と日本の対応」『ジュリスト』第1418号，37–43頁．

川島富士雄（2011b），「中国による補助金供与の特徴と実務的課題―米中間紛争を素材に―」独立行政法人経済産業研究所ディスカッションペーパー，11-J-067，1–46頁．

川島富士雄（2012），「中国における市場と政府をめぐる国際経済法上の法現象と課題―自由市場国と国家資本主義国の対立？―」『日本国際経済法学会年報』第21号，124–146頁．

川島富士雄（2013），「【WTOパネル・上級委員会報告書解説⑦】中国―原材料の輸出に関する措置（DS394, DS395, DS398）―輸出規制に対する規律に関する解釈の現状と課題―」独立行政法人経済産業研究所ポリシーディスカッションペーパー，13-P-015，1–55頁．

川島富士雄（2015a），「オーストラリアにおける競争中立性規律―TPP国有企業規律交渉への示唆―」特別行政法人経済産業研究所ディスカッションペーパー，15-J-026，1–34頁．

川島富士雄（2015b），「WTOアンチダンピング等最新判例解説④相殺措置調査における国有企業の公的機関性及び市場ベンチマークに関する判断基準～*United States - Countervailing Duty Measures on Certain Products from China* (WT/DS437/R, WT/DS437/AB/R)～」『国際商事法務』第43巻9号，1359–1366頁．

川島富士雄（2016a），「【WTOパネル・上級委員会報告書解説⑯】中国―レアアース等の輸出に関する措置（DS431, DS432, DS433）―輸出規制に対する規律に関する解釈の展開―」独立行政法人経済産業研究所ポリシーディスカッションペーパー，16-P-003，1–49頁．

川島富士雄（2016b），「中国のTPP協定加入は可能か？」『国際商事法務』第44巻4号，563–570頁．

川島富士雄（2016c），「17.2 国有企業章留保表（附属書IV）オーストラリア，ブルネイ，ニュージーランド，ペルー及び米国」独立行政法人経済産業研究所Web解説TPP協定，ver. 1，1–8頁．

川瀬剛志（2011），「世界金融危機下の国家援助とWTO補助金規律」独立行政法人経済産業研究所ディスカッション・ペーパー，11-J-065，1–127頁．

川瀬剛志・川島富士雄（2016），「17.1 国有企業及び指定独占企業（本則）」独立行政法人経済産業研究所Web解説TPP協定，ver. 3，1–12頁．

小寺彰（2010），「米国2004年モデルBITの評価―2009年9月30日国際経済諮問委員会（ACIEP）報告書を紹介しつつ―」経済産業省『投資協定仲裁研究会報告書（平成

22年度)』103–115頁.
Kowalski, P. and K. Perepechay (2015), International Trade and Investment by State Enterprises, *OECD Trade Policy Papers*, No. 184: 1–76.
熊谷聡 (2016),「17.2 国有企業章留保表 (附属書 IV) マレーシア」独立行政法人経済産業研究所 Web 解説 TPP 協定, ver. 1.1, 1–7頁.
中谷和弘 (2011),「政府系ファンドと国際法」秋月弘子他編『人類の道しるべとしての国際法 (横田洋三先生古稀記念論文集)』国際書院, 623–654頁.
松下満雄 (2011),「中国鉱物資源輸出制限に関する WTO パネル報告書」『国際商事法務』第39巻9号, 1231–1239頁.
松下満雄 (2012),「中国鉱物資源輸出制限に関する WTO 上級委員会報告書」『国際商事法務』第40巻3号, 333–341頁.
東條吉純 (2012),「TPP協定交渉におけるサービス貿易自由化」『ジュリスト』第1443号, 42–47頁.

Summary

Collision and Trade Friction between Free Market and State Capitalist Economies

Fujio Kawashima (Kobe University)

As Bremmer (2010) raised an alert, trade frictions between free market economies which are represented by the United States and state capitalist economies which are represented by China have been arising, taking various forms such as the former's imposition of antidumping and countervailing duties on products from the latter as well as WTO disputes between them on these measures and subsidies. This article examines what challenges these phenomena are posing to the existing trade rules and how they are transforming such rules.

◇コメント◇

新潟県立大学　若杉　隆平

　「国有企業に対する不公正な利益の供与が公正で開かれた貿易及び投資を損なうことを認めつつ，国有企業が締約国の多様な経済において正当な役割を果たし得ることを確認するとともに，私有企業との対等な競争条件，透明性及び健全な商慣習を促進する国有企業に関する規則を定める」は2015年10月に合意されたTPP協定の前文の一節である。国有企業が国から不公正な利益を受けることによってフェアーでオープンな貿易・投資を損なうことを懸念し，国有企業と私企業とが対等な条件で活動するための規律に加盟国が合意したのは，依然として国の支援を受ける企業による通常の商慣行と異なる経済活動がグローバル市場で見られることと無縁ではない。例として，中国の政府金融機関が商業的慣行を逸脱する条件で資金を提供し，その支援を受けた中国企業が輸出することになったインドネシア・ジャワ島の高速鉄道，ロシア企業ガスプロムが独占的地位を濫用し，欧州諸国内での自由な取引を阻害していることへの警告等があげられる。また，競争政策に関して，多額の課徴金が外資系企業に課される一方で，中国国内企業への競争法の適用が不十分であることへの疑念も指摘されている[1]。

　非効率な国有企業を縮小・民営化し，市場経済化を徹底する取り組みは永年続けられてきた。サッチャー政権下での国有企業の民営化，日本の国鉄・NTT等の民営化もその一部である。また，中国の改革開放路線，ソ連崩壊後のロシアのペレストロイカなど，一時期，市場経済化への大きな改革のうねりが見られた。しかし，これらの改革は不完全なものであり，今日においても国有企業をテコとした国家資本主義的政策が一部の国で根強く残っている。また，ベトナム，マレーシア，インドネシア等では，国有企業は経済発展の中心的担い手となっている。中国や一部の中所得国が高い経済成長を実

---

[1] 川島（2015b）を参照。

現した結果，国有企業のプレゼンスに対するグローバル市場での懸念はむしろ高まっている。国有企業への"level playing field"の要求が強くなり，国有企業や重商主義的政策が問題とされるのは，グローバル市場において各国経済がより密接にリンクし，深い取引関係を形成しているからに他ならない。

　国有企業と私企業の違いは，所有とガバナンス構造に見られる。私企業の活動は資本市場，労働市場，財市場における多数のステークホルダーによって律せられており，市場の規律によって透明性と信頼が担保される。私企業は市場に対する説明責任を果たすことが出来なければ退場を求められる。それに対して国有企業は，政府によって律せられ，指示・監督を受ける。当然，負うべき説明責任は市場に対してではなく政府である。一方，政府からの贈与・補助金・低利融資・税の減免，政府調達，規制で優遇されれば，民営企業や外国企業との競争において優位に立つ。こうした国家資本主義に支えられた企業が持続可能であるかどうかは疑問であるが，短期的には生産性が上昇するという現象が見られる。たとえば，中国の電子・電気機械産業における国有企業の生産性は，WTO加盟以降，民営企業よりもむしろ高い水準を示す[2]。国が関与する企業が短期的にせよ良好なパフォーマンスを示していることが，かえってそれら企業に対してフェアーな競争への要求を強める要因となっている。

　ガバナンス構造が異なる企業が共存することを前提とした場合，重要なのは共通のルールに従って競争することであろう。しかしながらWTO協定においては国有企業を想定した規律はない。中国のWTO加盟議定書には国有企業改革の促進が明記されているが，それ以上のものは見当たらない。また，日本が締結してきたEPAでも国有企業を想定した規律はない。豪州における「競争中立性規律」は数少ない例である[3]。

　2015年に合意されたTPP協定が，国有企業に関して「商業的慣例に合致

---

[2] Wakasugi and Zhang（2015）を参照。
[3] 川島（2015a）を参照。

した行動，内外無差別な待遇の付与，非商業的条件（贈与・出融資・規制）で他国に影響を与えないこと，企業情報（出資比率・役員・企業会計など）の提供と透明性の確保」を規定したことは，一部の加盟国に留保を認めてはいるものの，貿易・投資ルールにおける空白を埋める上で極めて重要な意味を有する[4]。また，level playing field を求める以上，国有企業改革に留まらず，競争政策や投資（対内・対外）に関する国際ルールの透明性，共通性，履行のあり方が重要な課題となる。WTO を基礎としつつ，よりレベルの高い国際ルールを求めて合意した TPP は，今回の加盟国 12 カ国に加えて，将来加盟する可能性のある中国，韓国，他のアジア諸国に対しても加盟がオープンとされている。国の企業への関与に関する国際ルールとして，速やかな履行と更なるグローバル化への取り組みが求められる。

引用文献

川島富士雄（2015a），「オーストラリアにおける競争中立性規律—TPP 国有企業規律交渉への示唆—」*RIETI Discussion Paper Series 15-J-026*.

川島富士雄（2015b），「中国独占禁止法の運用動向—「外資たたき」及び「産業政策の道具」批判について」*RIETI Discussion Paper Series 15-J-042*.

Wakasugi, R. and H. Zhang (2016), Impacts of the World Trade Organization on Chinese Exports, *Journal of Chinese Economic and Business Studies*, in printing.

---

[4] TPP 協定「第 17 章 国有企業及び指定独占企業」を参照。

共通論題

先進国金融政策の新興国への影響
〜国際資本移動に伴うリスクと規制の課題

立命館大学　大田　英明

要旨

　本研究では，国際資本移動の拡大に伴い各国経済・市場に与える影響が拡大した結果，金融市場や為替相場のボラティリティが増し，経済の安定化が困難となっていることを踏まえ，国際的な資本規制と監視・監督が一層重要となっていることを示す。

　世界経済と市場の一体化が進展する中，世界金融危機後，日米を中心とする金融緩和措置によって，歴史的低金利とあいまって大量のマネーが先進国・新興国市場間で大幅に拡大してきた。しかも最近では世界的に株価変動のボラティリティは非常に高くなっており，先進国・新興国とも実体経済との乖離はますます大きくなっている。また，新興国から先進国，特に米国への資金回帰の流れが強まり，新興国市場や国際商品市場では株価低迷や為替ト落が進んでいる。こうした背景には世界金融危機後日米を中心に先進国の大幅な量的緩和政策に伴う過剰流動性が，一時新興国市場や国際商品市場に流入したが，米国経済の緩やかな回復に伴い，投資された資金が米国に回帰する一方，全体的に新興国から資本が「逆流」していることがある。さらに香港・上海市場でのリンクにみられる金融・資本市場の規制撤廃と自由化が，中国経済・市場のみならず世界的に大きな影響を及ぼす結果をもたらすことを示した。

　日米金融緩和政策の影響について日米及び香港・中国市場における主要な変数を基にグレンジャー因果性及びVARモデルに基づくインパルス応答関

数を用いて2001年から2015年まで期間ごとに検証した。その結果，2014年11月の上海市場と香港市場との株式市場の一体化は日米香港中国の各市場間において各指標（マネタリーベース，M2，金利，株価等）の有意な因果性の高まりと影響が確認された。この分析結果は，最近の先進国・新興国市場の混乱及び低迷や中国市場のバブルの発生と崩壊の経験は，国際資本移動の変化が各国経済・市場に深刻な影響をもたらすことを裏付けている。したがって，今後先進国，新興国を問わず，資本・金融取引に関し従来に比べ一層精緻な管理・監督や規制措置を導入することが求められている。

キーワード：国際資本移動の拡大，量的金融緩和政策，グローバル・リスク，VARモデル分析，資本・金融規制

はじめに

今日ほどグローバル市場において適切な資本・為替取引規制や管理が必要とされている時代はない。近年先進国経済，特に欧州の景気低迷に伴い新興国からの輸出は減少基調にあり，最大の資源輸入国である中国の経済成長は鈍化している。また，原油価格や商品価格のボラティリティの高さは，先進国・新興国市場の混乱を引き起こしている。これらはグローバル規模で急激な資本流出入に伴う通貨や株価下落などの変動をもたらしており，過去数十年の金融・資本自由化がその背景となっている。2015年夏に中国上海市場で起きた急激な株価の下落やそれ以前のバブル的状況も資本の急激な流出入に伴うものであると考えられる。中国当局は不動産バブル抑制のみならず，金融取引に関する規制を次第に強め，2015年夏に株式市場のバブルは崩壊，「人民元国際化」の一環としての「資本・金融自由化の実験」における調整を余儀なくされた。リーマンショック以降の日米を中心とする先進国の大幅な金融緩和に伴う過剰流動性を背景として国際資本移動が拡大し，短期の投機的ともいえる金融投資が拡大している。このため世界的に市場のボラティリティが拡大し実体経済にも影響を及ぼしている。こうした中でも金融・資本流出

入の管理・規制を実施している国は比較的市場・経済とも安定している。

一方，日米量的金融緩和は国内実体経済の回復よりむしろ国外市場に金融投資として資金を流出入させ，相互に因果性を強めている。世界最大の新興国である中国では，土地取引規制など引締政策により投資が減少しマネーストックやマネタリーベースの伸びも抑制され，国内経済や株価も実体経済と同様低迷していた。こうした中，2014年11月以降の香港・上海市場の相互取引開始と同時期に日銀の量的・質的緩和政策（QQE）の大幅拡大に伴い中国国内に急速に資金流入した結果，株式市場のバブルが発生，しかもそれが事実上の（de facto）金融・資本自由化につながったとみられる。世界市場の不透明感はさらに深まっており，実体経済と金融市場の乖離が顕著となっている。こうした背景には国際市場における短期資本の流出入があり，その管理と規制の必要性は2016年2月に上海で開催されたG20財務相・中央銀行総裁会議でも確認されている。

本稿では，とりわけ日米両国の金融政策によって大きく左右される世界的な資本移動の構図を主にVARモデルに基づく分析を主体として示す。その問題点に対して国際的な資本規制と金融規制の重要性と今後の内外金融政策の課題を提言する[1]。

1. 最近の世界経済と国際金融市場

1.1 世界の実体経済と市場

世界金融危機以降，2009年には先進国・途上国・新興国とも大幅な景気後退を経験し，その後いったん成長率は回復したものの，ユーロ危機の発生及び米国の景気回復に伴い資本が米国市場に回帰する一方，新興国や商品市場から資金が流出した。

アジア諸国や新興国では国内経済規模の大きく内需が牽引するインド以外

---

[1] Rey（2014）は米国の金融政策はグローバル規模でのリスク資産価格に影響を与えるとの分析を示している。一方，資本管理・規制は金融政策の有効性を高める意味でも重要である。

の国々では米国経済の回復に反比例するかたちで成長率は低下してきた（図1-1）。中でも資源輸出に依存した国や金融開放度の高い新興国では成長率低下が顕著である（図1-2）。

最近では新興国全般に米国経済の緩やかな回復が鮮明化した2013/14年以降資本が流出し，為替の下落基調が続いている（図2-1, 2-2）。特に資源国通貨である豪ドル，ロシア・ルーブル，南ア・ランドなども軒並み下落しており，名目為替レートのみならず，実質実効為替レートも下落している。さらに，アジアやラテンアメリカなど新興国では為替下落に伴う輸入物価の上昇によりインフレ圧力も高まっている。それでも各国の金融・資本・為替取引に関する規制や管理への対応の状況によって各国の経済・市場に大きな差が生じている。インドでは，経常取引や直接投資以外の資本取引は依然規制を維持しており，比較的為替相場への影響や短期資金の流出入に伴う経済の不安定化は回避してきた（図2-1）。一方，一時資本流入規制のため金融取引税を導入したブラジルは2013年にこれを廃止したため，最近では為替下落基調に歯止めがかかっていない（同）。為替相場維持のために金利引き上げを実施しても逆に国内景気を悪化させる方向に働いている。

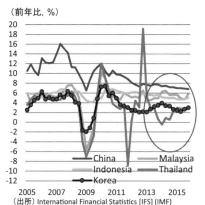

図1-1　GDP 成長率（アジア）
（出所）International Financial Statistics [IFS] (IMF)

図1-2　GDP 成長率（新興国）
（出所）International Financial Statistics [IFS] (IMF)

図2-1 実質実効為替レート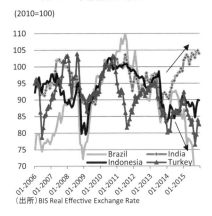
(2010=100)
（出所）BIS Real Effective Exchange Rate

図2-2 実質実効為替レート（資源輸出国）
(2010=100)

1.2 最近の資本移動に伴う国際市場

　先進国経済が低迷する中，量的緩和政策，特に米国連邦準備理事会（FRB）のQE2, 3の導入に伴い豊富な資金がグローバル市場に提供されていた時期には原油をはじめ鉱物資源など商品市場の価格高騰がもたらされた。また，新興国の株式市場も活況を呈した。さらに，ユーロ危機が深刻化（2010–2012年）した時期にはリスク回避指向が強まり，より「安全な」日本への資産配分が強まり円高が継続した。その後，ユーロ危機が沈静化してきた2012年秋以降，資本が米国等に回帰する顕在化し，さらに2013年4月以降，日銀の量的・質的緩和政策（QQE）導入に伴い投資資金が海外市場に向けられ，大幅に円安に振れた。

　米国経済の回復が鮮明となると次第に新興国から資本流出が加速し，新興国市場や国際商品市況は悪化した。特に新興国の市況は，2014年秋以降悪化しており，これはQE3終了（2014年10月）後に顕著となっている。

　一方，中国の株価は2014年10月末に決定したQQEの強化（黒田バズーカ第2弾）と同時期（2014年11月）に香港・上海市場の一体化が進み，株価は急激に上昇したが，2015年夏の米国金利引上げ観測の高まりなどを背

景に大幅に下落し，中国市場の「バブル」は崩壊した。しかし，既に米国のQE3 は 2014 年 10 月に終了し，ゼロ金利政策も終了し引上げ方向にある。こうした中，先進国で唯一大規模な量的緩和及びゼロ金利政策を継続してきた日銀も 2013 年以来継続してきた量的・質的緩和政策（QQE）の主な施策である国債の大量の買取りは既に限界に達している[2]。日本のマネタリーベース（MB）は 2016 年 4 月時点で 381 兆円と QQE 導入以前の 2013 年 3 月に比べ約 2.8 倍，日銀当座預金は 281 兆円と約 5.9 倍増となっており，既に MB は GDP の約 70％（2015 年 GDP に基づく推計）まで達している。こうした状況下，長期的に「出口戦略」を考慮すれば，量的緩和政策の継続は国内経済・財政・市場のみならずグローバル市場のさらなる不安定化をもたらすリスクがある。このため，2016 年 2 月半ばから日銀当座預金の新規残高にマイナス 0.1％金利を適用している。しかし，市場は株価・為替相場とも世界の経済・市場環境の変化に伴いさらにボラティリティは高まっている。すなわち，グローバル化した中で日本のような規模の大きな経済でも大きな影響を受けている状況にある。

1.3　日米金融政策の帰結：先進国市場に左右される新興国経済・市場

　2013 年 4 月に導入された量的・質的金融緩和政策（QQE）下における日本銀行のマネタリーベースの伸び率は米国やユーロ圏に比べ圧倒的に高かった（図 3-1）。米国 FRB は 2014 年 10 月に QE3 を終了し，利上げの時期を探る状況にある。一方欧州では欧州中央銀行（ECB）が 2015 年 3 月に小規模に量的緩和を開始したばかりであり，最近の伸び率は高いが絶対量は日銀の供給には及ばない。こうした状況下，日銀の量的緩和資金がグローバル市場の資金供給に重要な役割を果たしているとみられる。一方，過去数年間中国

---

[2] 日銀の黒田総裁は日銀当座預金のマイナス金利導入に踏み切った（2016 年 2 月）が，この背景には事実上金融量的緩和政策の限界を認めたことがある（2016 年 2 月 23 日の衆院財務金融委員会で黒田総裁，岩田副総裁とも推進してきたはずのマネタリーベース拡大政策について，その効果を否定した）。

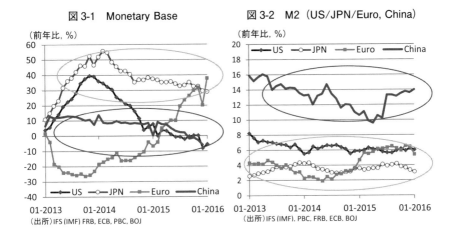

図 3-1 Monetary Base　　図 3-2 M2（US/JPN/Euro, China）
（出所）IFS (IMF) FRB, ECB, PBC, BOJ　　（出所）IFS (IMF), PBC, FRB, ECB, BOJ

国内のマネタリーベース（MB）は増加せず，引き締め気味で推移してきた（図3-1）。その一方，マネーストック（M2）の伸びは非常に高い水準にあることを示している（図3-2）。この中国国内の高いマネーストックの伸びは海外からの資本流入に大きく依存しているとみられる。

日銀は2014年11月にQQEを一層拡大した（黒田バズーカ第2弾）。同時期（11月18日）に香港市場と上海市場の相互取引を開始したことで，香港市場経由の資金が大量に流入，中国市場の「バブル」的な株価上昇に拍車をかけたと考えられる[3]。これは，QQE第2弾の発動により，グローバル市場に資金が流出し，中国市場にも大量に資金が株式市場を中心に流入したとみられる。香港市場はオフショア市場として世界の金融資本が流入しており，

---

[3] 日銀が市場に供給した大量な資金はいったん米国にも流入し，それが中国のマネタリーベース（MB）の拡大にもつながった可能性もある。次節以降で示すように日本のMBと中国のMBは関連性が高くなっている。中国は従来，経常取引（経常取引目的の為替交換の自由化）を除き資本規制を継続してきたが，近年「人民元の国際化」としては自由化を推進してきた。香港市場を「資本・金融自由化の実験場」として人民元取引自由化を開始したことから先進国の緩和マネーは流入し，人民元は過去数年間切り上げ圧力が強まってきた。

この中には日米欧先進国の資金も自由に取引されている。このため，香港・上海市場のリンクは部分的にせよ中国の事実上の資本金融取引自由化としてみなすことができよう。2010/11 年には香港の MB と中国の M2 は相互に連動していたが，最近ではその傾向は必ずしも明確でない。前記のように日本の MB や M2 は 2014 年秋より中国株価と連動が可能となったのは，2012 年 6 月以降中国人民元と日本円の直接交換性が実現したこともその背景にあると考えられる。

1.4 中国の実体経済と市場の乖離：「試験的」自由化とバブル発生

中国市場の株価は 2014 年秋まで数年間一貫して低迷してきたが，GDP 成長率や鉱工業生産も株価同様の動きをしていた（図4）。こうした実体経済（生産）と金融市場の一致した動きはそれまで規制が継続していたことが背景にあるとみられる。2014 年 11 月以降，日本のマネタリーベースやマネーストック（M2）の動向は中国上海市場の株価との緊密な関係が加速している[4]。同月には日銀は量的・質的緩和政策をさらに強化した。この余剰のマネーが香港経由で中国本土（上海・深圳）に急激に流入し「バブル」を生じさせた根底にあるとみられる[5]。これはシャドウバンクへの資金が株式市場に流入したというよりむしろ資本流入によるものであるとみられる。香港・上海市場の一体化開始以降，株価と実体経済は完全に乖離してきた。すなわち，国内生産は依然低迷する一方，国内市場の株価は急激に上昇してきた。

しかし，2015 年夏に加熱する株式市場に対して当局は規制を導入した。例えば為替先物市場での取引の規制を行い，乖離してきた人民元の公式レートと先物取引為替レートを一致させるために制限をかけてきた。さらに，オフショア人民元（CNH）とオンショア（CNY）の相場乖離を縮小させるた

---

[4] 上海，香港株式市場の取引を相互に開放し，売買させる方針は既に 2014 年 4 月に発表されていたが，実施は 11 月になった。この制度では，香港の投資家は香港の証券会社に口座があれば，A株が買えるようになり，中国本土の投資家も本土の証券会社に口座があれば，香港上場株売買が可能となった。

[5] 2015 年 9 月の G20 にて中国人民銀行の周小川総裁は「バブルが弾けた」と明言した。

めに8月に人民元変動幅を拡大し，事実上切下げを実施したのも実質実効為替レートの急速な上昇（2010年平均値比2015年7月には32％上昇）が重要であったためといえる。中国経済は，他の大国経済に比べて輸出依存型であり，内需より外需が経済成長率を大きく決定する傾向がある。したがって，人民元の実質実効為替レートの過去数年間の上昇は大幅に同国経済にマイナスに作用しており，生産もその影響で低迷していた。このことは，実質実効為替レートは鉱工業生産と有意に負の相関を示していることからもわかる（図5）。経済低迷と乖離した株価は資本・金融自由化の試みの中で実現したものでありバブル崩壊という結末となった。

香港・上海市場の相互取引解禁は「人民元国際化」の過程におけるある種の実験であったが，それは結局2015年8月の株価暴落（あるいは大幅調整）によって大きなリスクを持つことが立証された。この中国の市場バブル崩壊は中国国内にとどまらず，その混乱は日米欧先進国や新興国など世界市場に波及した。このバブル崩壊は同国の資本自由化に向けた一つの試練であるが，慎重な自由化が重要である点について今後大きな反省材料と経験になろう。

以上の中国の例にみられるように，世界経済・市場は大きな試練を迎える時期にある。中国のように通貨の交換性を制限し，資本取引規制を行ってき

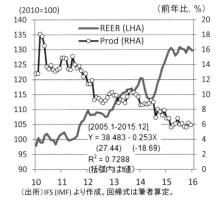

図4 GDP成長率・鉱工業生産・株価　図5 実質実効為替相場／鉱工業生産（中国）

た国においても部分的自由化によってこれほどの大きなショックが生じる。まして中小規模の途上国や新興国で資本・金融自由化が進んでいる国では資本流出の打撃は非常に大きい。実際，最近では多くの新興国において株価低迷と通貨下落が進んできた。さらに先進国，特に日本のような経済規模の大きい国であっても，国際資本移動の急激な変化によって2012年までの円高から一転して円安に大きく振れ，さらに中国ショック前後から日本の株価は大幅に変動，下落を続けた。これもヘッジファンドや国際的な投機筋による頻繁な売買がもたらした結果といえよう。このため，実体を反映した為替水準や資本市場における安定的な状況を実現することは世界各国の経済・市場の安定化をはかることは喫緊の課題である。

2. 資本自由化と資本収支危機の構図

2.1 新興国における資本流出入と規制

グローバル市場・経済に大きく左右される現在の新興国において為替相場や経済・市場を安定化するためには，基本的に資本流出入のprocyclical（順循環的）な動きを抑制することが需要である。このため，各国の政策として取りうる有効な政策は資本規制，とりわけ直接的規制（一定の数量規制や外貨交換に伴う規制など）を導入することは有効である[6]。

1990年代から2000年代初めまでアジアやラテンアメリカの新興国では国際資本の急激な流出によって当該国は「資本収支危機」に相次いで見舞われた。特に1990年代まで資本自由化を実施してきたアジア諸国では，アジア危機（1997/8）を契機として資本流出入の適切な管理や規制の重要性を認識してきたが，欧州先進国や資源国である南アなどでは資本・金融の自由化に伴い2007年迄は順調に金融収支の黒字を維持してきたが，その後の世界金融危機発生に伴い急激な資本の流出が発生した。さらに2014年以降の新興国の通貨下落や株価低迷等は先進国からの資本流入が減少したことで株価低

---

[6] 従来資本規制に消極的であったIMFもすでに市場環境の改善のために資本規制・管理が重要であることは認めている。IMF（2012）参照。

迷や通貨の下落はみられる。しかし，急激な資本流出に伴う通貨急落や実体経済が悪化する資本収支危機は発生していない。特に2000年代以降資本規制を本格化した主要新興国では，資本収支は比較的安定的に推移している。この背景には過去10数年にわたる外貨準備高の積増や全体的な経済構造の改善に加えて，各国における資本・為替取引の管理や規制を導入していることがあるとみられる[7]。

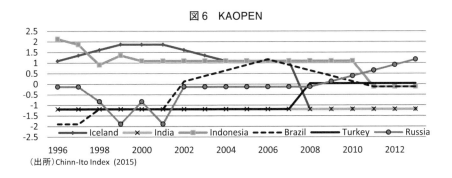

図6　KAOPEN

（出所）Chinn-Ito Index (2015)

表1　各国別資本規制・管理状況

国名	直接規制	間接規制	Prudential Control	概要
インド	○	○	○	海外送金・受取に制限・資本規制
インドネシア	○	○	○	・国内取引の自国通貨使用義務（2015.7） ・国内通貨外貨交換制限
アイスランド	○	○	○	資本流出規制継続
トルコ	—	○	○	中銀による為替管理など徹底
ブラジル	×	△	△	・資本流入規制（金融取引税）撤廃（2013）
ロシア	×	×	×	自由な通貨為替交換

（出所）JETRO資料等より筆者作成。

[7] 金融収支の開放度と資本規制の状況については The Chinn-Ito Index – A de jure measure of financial openness（2015）における Capital Account Openness（KAOPEN）指標を参照する（図6）。

このことは，主要新興国の資本流出入（特に投資収支）の動きによっても確認できる。先進国と新興国間の資金フローは市場環境と金融緩和のタイミングとその規模によって大きく左右される。新興国では，こうした規制・管理の相違によって各国の経済・市場の安定性に大きな差異が生じており，資本・金融自由化と危機の経験から，以下のように分類できる。
① 原則的に資本規制を実施している国：インド，中国
② 危機前まで自由化を推進したが，現在までに何等かの規制・管理を導入した国：インドネシア，ブラジル，トルコ，アイスランド
③ 危機経験国であるが自由化傾向を維持している国：ロシア
以上の分類を基に以下において経済・市場への影響を考察する。

2.2 インド：資本規制に伴う安定化

インドはアジア危機の際でも資本収支危機は回避できた[8]。この背景にはインドでは基本的に経常取引を除き資本規制は継続してきたことがあり，金融収支の開放度を示すChinn-Ito Index（2015）においても確認できる（図6）。インドの資本取引規制は，他のアジア諸国に比べて金融収支の推移が比較的安定的な動きをしている背景となっている（図7）。このようにインドでは，直接投資名目での短期金融取引は存在するものの，全体としての資本・金融規制は効果を発揮しているといえよう。

2.3 インドネシア：2000年代半ば以降の規制

インドネシアではIMFプログラム終了（2003年末）以降，原則的に現地通貨ルピアと外貨交換について制限を設けているほか，外国投資家の投資対象となっている中銀証券（SBI）に対する課税など短期の投機的売買に歯止めをかけている[9]。さらに，ミクロ・プルーデンス策として，2014年末に企

---

[8] 2014年末から中国株価急上昇と2015年8月の中国株価急落は金融・資本の自由化を進めた結果とみられる。ここでは，それ以前の2014年までの状況をさす。
[9] 各国の資本・為替取引規制等の制度についてはJETROのHPで確認できる。

図7 主要新興国のGDP成長率・金融収支

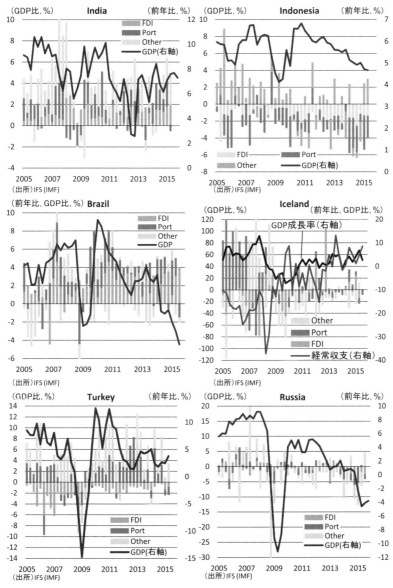

業の外貨建て借入のヘッジ比率やBBマイナス以上の格付け取得の義務付け等の規制を導入した。このように，民間対外債務のリスクを軽減し，資本流出入に伴うボラティリティを縮小する措置を取っている。2015年には，米国などへの資金回帰の影響を受け，ルピア安が進み，それがインフレ要因となった。ただし，最近ではアジア危機期（1997/8）に比べインドネシアの外貨準備高蓄積も進み，金融収支は改善し比較的安定的に推移しており，各種マクロ経済のファンダメンタルズも改善している。このため，インドネシアは90年代のアジア危機のような状況に直面するリスクは相対的に低下している。

2.4　ブラジル：間接規制から廃止に伴う不安定化

　ブラジルは基本的に1990年代に比べ資本・金融取引については管理を強化しており，間接的ながら短期資本の投機的投資を規制するための金融取引税（IOF）を導入した。それはCapital Account Openness（KAOPEN）指標の動向でも確認できる（図6）。例えばブラジルでは，世界金融危機の前後を除き金融収支の変動性は縮小した。しかし，2013年6月に金融取引税（IOF）を撤廃したため，2014年以降証券投資流出入の割合が高まっている[10]。その一方，証券投資は基本的に短期の取引が大半であり，短期資金の流出は抑制できず，同国では2014年末以降通貨レアル下落が加速した。これは主に米国の利上げ観測に伴う資金流出によるものとみられるが，依然同国は不安定な状況に置かれている。

2.5　アイスランド：資本自由化後の資本管理と規制の成功例

　アイスランドは世界金融危機発生直前まで「金融立国」をめざし大幅に資本・金融自由化を進めていたため，高金利を狙った銀行預金等資金流入がみ

---

[10]　対外借入について短期資金の流出入を抑制するため，180日以下の借入には6％課税される。さらに，同国では一定額（3000ドル）以上の為替取引では，中央銀行の情報システムを通じて中央銀行へ通知することが義務付けられている。また，海外送金は証明書類の提出が義務化されている。さらに，原則として国内居住者が外貨口座を持つことはできない。

られた。しかし，世界金融危機発生に伴う急激な資金流出によって金融危機が発生，債務危機状況に陥り，実体経済も悪化するという典型的な「資本収支危機」が発生した。危機後，同国はIMF支援を受けながらも例外的に資本流出規制を導入し，南欧ユーロ圏諸国に比べ早期に景気は回復しており，経常収支も改善している[11]。中でも注目されるのは金融収支の大幅な変動が縮小してきたことである（図7）。このことは危機後導入した資本流出規制が有効であったことを示している。同国では短期資本の流出を阻止し，民間債務の支払いは履行していない。しかし，これが幸いして同国の銀行セクターは正常化しつつある。既にIMFプログラムは終了し，政策の自由度を回復しているものの，危機発生後に導入した資本規制は依然として継続している。

2.6　トルコ：危機以降の金融政策の自立性強化

基本的にIMFプログラムに忠実であったトルコでは，2000/2001年にIMFプログラムに沿って過度の緊縮政策に伴いクレジットクランチと資本流出から通貨危機を招いた。その後，トルコではIMFプログラムを卒業し，現在では政策の自由度を増しており，EUなど先進国に比べ金融開放度は低い（図6）。

トルコでは短期金融取引に関わる為替取引の集中管理を実施し，非居住者は，資本市場評議会に認可された金融機関のみ証券売買可能であり，証券の取得資金及び売却益の海外送金は，トルコ国内の銀行を利用しなければならない。対外貸付もトルコの銀行を経由する義務もある。このようにミクロ・プルーデンス面での管理が厳格化したトルコでは，大幅な通貨下落や資本の急激な流出は回避され，資本流入も継続し，成長率もプラスを維持している（図7）。

---

[11] アイスランドでのIMFプログラムは従来に比べ非常に緩やかで緊縮政策導入も緩慢なものであり，資本流出規制も許されたいわば「例外的」なものであった。しかも同国は2011年8月に終了し，早々とIMFプログラムから脱却している。この点でギリシャやウクライナと対照的である。

2.7 ロシア：資本自由化維持に伴うリスク

ロシアでは2007年1月より全ての資本取引規制は撤廃されているため，同国では世界金融危機後も主要新興国のように金融・資本規制は導入されず，むしろ資本・金融開放度は拡大している（図6)[12]。したがって，近年では資本流出が拡大しルーブル安が加速しやすい。この背景にはロシアの主要輸出品は依然として原油等鉱物資源であり，特に原油・天然ガスはユーロ建てで取引しているため，主要な為替取引の自由度は維持する必要があることがあるとみられる。

同国の金融収支は2008年以降マイナス基調となっている。しかも主要輸出品の原油をはじめとした資源価格の低迷からロシアでは経済全体の活動が低迷している。加えて2014年以降の為替下落に伴うインフレ圧力も高まっている。このように金融・資本自由化を維持すると危機的状況に際して金融市場のみならず実体経済に波及するリスクが高い。

最近では資本流出圧力が強まり通貨下落が加速しているため，インフレ率は上昇しGDP成長率もマイナスに転じている。資本・金融自由化を維持し適切な管理もないまま経済の悪化が進む状況は，同国経済構造が変化し，国内経済が製造業や国内市場に支えられるようになるまで基本的に継続することとなろう。

3. 日米金融政策の効果：グローバル市場の観点から

本節では，世界金融危機以降，日米両国の量的緩和政策により大幅に資金がグローバル規模で供給される中，国際市場で相互にどのような影響があるか，グローバル市場で資金が流出入してきたことに焦点をあてる。特に最大の新興国である中国において2014年以降生じた株価の急激な上昇にみられる金融バブルの生成とその崩壊の背景も考慮しつつ全体の資金の流れと関係

---

[12] ロシアの場合，資源輸出国のため，ユーロ建ての自由な決済がとされており，通常の新興国のように独自の資本・為替取引規制の導入はできにくい状況にある。

国市場への影響について考察する[13]。日銀は2001〜2006年まで史上初めての量的金融緩和を実施したが，規模的には現在に比べ限定的であり，当時は日銀当座預金の目標残高は30兆円であった。日銀の量的緩和政策は，今日まで断続的に導入され，その規模は大幅に拡大した。その一方，米国は世界金融危機発生前まで円キャリー取引の拡大に伴い米国市場への影響も拡大したものの，基本的に全く量的緩和政策は実施してこなかった。しかし，世界金融危機以降，日米両国とも大幅な量的金融緩和を実施してきた。日本の量的・質的緩和は日米両国の実体経済に大きな効果はなかったが，金融市場に資金が流出し日米市場相互に大きな影響を持っていることが示されている（大田［2013］，Ohta［2014］）。米国FRBが量的緩和政策（QE2/3）の導入時期には新興国や商品市況に資金が流れ，QE3の時期では日本と米国相互に金融市場での因果性が高まった。本節ではベクトル自己回帰（VAR）モデルを用いて，グレンジャー因果性及びインパルス応答関数によって各市場の関係を分析する。

3.1 グレンジャー因果性分析（米国・日本・香港・中国）

最初にグレンジャー因果性分析を用いて日米両国の金融政策が中国市場にどのように影響があり，因果性が生じているか，国際金融危機（2008）以前と危機後のFRBによる実施時期に分けてその変化を検証する[14]。

3.1.1 世界金融危機以前（2001.4–2008.8）

リーマンショック前の時期（2001–2008.8）には，米国の金融市場と香港・中国の金融市場では，主に金利及び短期のTB2年物（TB2Y）の変化により有意な因果性を持っていることがわかる。この時点でもすでに株価についても米国・香港・中国市場間では有意な因果性はみられる。しかし，世界金融

---

[13] Rey（2013）は，グローバル規模のリスクを示すVIX指数を用いてグローバル刑事亜・市場のリスクについて論じ，米国のFF金利低下はVIX指数低下，欧州市場のレバレッジ上昇，貸出増加などに影響を与えることを示している。

[14] 変数の説明は本文末参照。

表 2-1　US/HK/China: Granger Causality (2001-2014)

2001.4–2008.8	USMB	USM2	TB10Y	TB2Y	FF	USShare	HKMB
USMB		4.701 *	1.332	0.990	0.114	0.581	2.913 *
USM2	0.682		1.142	0.889	0.410	2.073	1.254
TB10Y	0.737	6.530 **		1.574	6.246 ***	0.171	0.992
TB2Y	2.020	8.861 ***	2.213		11.41 ***	0.390	0.353
FF	1.233	4.215	0.486	0.609		1.006	0.260
USShare	1.731	1.926	2.230	0.582	2.732		1.300
HKMB	1.254	6.131 ***	1.264	0.835	0.837	0.239	
HKM2	1.079	0.455	0.860	0.880	0.749	0.039	1.173
HKIntrate	0.487	0.815	0.192	0.486	2.080	0.568	0.590
HKShare	0.430	1.304	1.211	1.343	2.654 *	1.035	1.941
CNMB	1.486	2.395	0.815	0.961	0.371	2.044	3.459 *
CNM2	2.544 *	4.528 **	1.313	0.164	1.025	2.160	1.681
CNIntrate	1.195	0.412	0.848	1.474	0.838	0.585	0.257
CNShare	0.963	0.670	0.773	0.768	1.215	0.755	0.652
CNProd	0.088	0.378	5.549 ***	4.984 **	0.402	2.313	0.191
2008.9–2014.10 [QE1,2&3]	USMB	USM2	TB10Y	TB2Y	FF	USShare	HKMB
USMB		3.586 *	1.386	1.832	8.689 ***	4.077 **	7.425 ***
USM2	0.519		0.834	1.126	2.126	1.136	0.229
TB10Y	4.077 *	0.391		2.061	1.538	1.275	1.688
TB2Y	5.924 ***	1.997	1.927		2.510 *	4.149 **	7.478 ***
FF	19.45 ***	2.814 *	2.265	6.352 ***		10.48 ***	7.486 ***
USShare	3.091 *	3.223 *	3.472 **	2.593 *	3.851 **		5.184 **
HKMB	3.487 **	0.667	1.879	4.472 **	4.653 **	2.034	
HKM2	0.531	1.010	1.681	1.227	0.614	0.229	0.292
HKIntrate	11.76 **	2.195	2.775 ***	3.764	8.498 ***	8.195	5.303 ***
HKShare	4.621 **	2.336	4.330 **	4.752	8.175 ***	1.921	2.566 *
CNMB	0.525	4.244 **	0.815	1.308	1.007	1.147	1.985
CNM2	0.285	4.364 **	1.598	3.195 *	2.564 *	1.588	0.765
CNIntrate	3.814 **	3.536 **	4.688 **	4.095 **	7.929 ***	2.191	9.189 ***
CNShare	1.581	2.613 *	2.181	4.204 **	0.985	1.097	1.483
CNProd	8.989 ***	0.397	6.062 **	8.742 ***	6.890 ***	1.422	2.064

(注)　1　対象期間は 世界金融危機開始時から QE2, QE3 実施時期を含む 2008 年 9 月～2015 年 7 月。Monetary base (MB), M2 は対数。中国 MB は前年比。各国株価は指数（2010=100）［IFS］。中国の MB は前年比。中国の金利（CNIntrate）は貸出金利。
　　　2　グレンジャー因果性については 1 期から 4 期ラグ数値の平均値（2014.10–2015.7 は 1，2 期ラグ平均値）。各指数は階差により定常性を確保。

先進国金融政策の新興国への影響

HKM2	HKIntrate	HKShare	CNMB	CNM2	CNIntrate	CNShare	CNProd
0.882	7.575 ***	0.340	0.838	0.331	2.566 *	0.579	1.618
0.920	5.225 **	1.884	0.385	1.987	2.412	1.149	0.425
0.225	0.918	0.325	1.421	1.722	0.235	1.814	0.378
0.289	2.059	0.842	1.065	1.560	0.182	3.172 *	0.274
1.976	7.038 ***	2.121	1.104	1.208	1.080	2.227	0.094
1.443	0.339	1.176	1.185	5.828	0.034	3.782 **	0.969
2.348	0.139	0.175	0.547	0.189	0.819	0.479	0.479
	3.531 **	1.501	3.342 *	0.689	0.743	2.057	0.928
0.836		1.046	3.781 **	3.071 *	0.825	0.506	1.441
2.680	1.029		2.786 *	1.600	0.434	3.331 **	0.828
0.399	0.162	0.783		2.568 *	2.025	0.813	0.145
0.257	0.759	1.094	4.339 **		0.630	0.229	0.756
8.138 ***	0.699	1.382	1.272	0.153		4.118 **	0.376
11.15 ***	3.200 *	5.523 ***	0.871	0.834	1.962		0.733
0.562	0.744	0.426	0.143	0.453	3.549 **	0.581	

HKM2	HKIntrate	HKShare	CNMB	CNM2	CNIntrate	CNShare	CNProd
2.254	8.060 ***	3.654 ***	1.302	2.985 **	3.319 *	0.588	2.504 *
1.081	1.488	1.537	0.645	5.647 ***	0.882	0.740	0.533
0.369	4.715 **	0.393	0.468	1.150	0.757	0.344	1.118
0.878	9.986 ***	1.241	0.913	0.700 *	3.520 **	0.353	1.717
0.660	11.76 ***	5.234 **	1.631	2.532 *	20.03 ***	0.651	2.821 *
0.716	4.737 **	0.827	0.259	2.455	5.302 **	0.584	1.534
1.523	6.568 ***	2.104	1.161	5.095 **	0.592	2.850 *	5.527 **
	1.397	0.830	1.461	1.582	0.872	0.983	2.493 *
0.403		5.132	0.716	2.238	16.76 ***	0.470	2.039
0.362	2.301		1.788	1.133	7.522 ***	1.115	4.014 **
1.732	1.390	1.713		1.038	2.634 *	1.022	0.952
1.011	1.143	1.885	5.372 **		1.036	2.377	0.444
1.054	4.619 ***	0.989	1.332	3.197 *		0.819	1.858
0.786	1.608	0.225	0.908	1.460	0.995		1.534
1.246	3.280 **	1.178	1.574	0.132	1.264	3.363 *	

3 数値はF値。***, **, * はそれぞれ1%, 5%, 10%の範囲での誤差を示す。
（出所）IFS database (IMF), FRB, 日本銀行, 中国人民銀行に基づく筆者による算定。

表 2-2　US/Japan/HK/China: Granger Causality (2014–2015)

2014.10–2015.7 [Post QE3]	USMB	USM2	TB10Y	TB2Y	FF	USShare
USMB		2.582 *	11.55 ***	3.699 **	0.493	2.644 *
USM2	4.018 **		1.335	1.415	1.296	3.782 **
TB10Y	1.313	0.478		0.506	1.945	3.755 **
TB2Y	3.176 *	1.265	2.548 *		0.684	9.226 ***
FF	0.864	0.767	0.365	4.622 **		1.126
USShare	4.523 **	0.705	0.027	1.325	4.464 **	
HKMB	0.351	0.719	2.967 *	2.695 *	9.551 ***	0.511
HKM2	0.576	0.025	1.780	1.600	4.194 **	1.674
HKIntrate	0.033	0.418	1.389	4.461 **	2.365	0.298
HKShare	0.228	0.571	5.096 **	3.654 **	6.309 ***	1.453
CNMB	7.010 ***	0.017	1.491	0.661	0.839	3.284 *
CNM2	0.786	0.873	1.085	2.794 *	4.725 **	1.46
CNIntrate	0.428	0.710	0.513	3.182 *	22.03 ***	0.052
CNShare	0.254	4.595 **	1.087	6.776 ***	7.909 ***	0.195
CNProd	2.434 *	0.276	0.971	0.300	1.555	10.39 ***

2014.10–2015.7 QQE (Ph.2)	JPNMB	BOJAC	BOJFRes.	JPNM2	Call Rate	JGB Yield	JPN Share
JPNMB		0.178	6.685 ***	8.032 ***	2.128	2.865 *	0.543
BOJAC	0.488		5.200 **	8.075 ***	1.617	2.609 *	0.747
BOJFRes.	0.092	0.300		0.938	0.384	0.591	2.410
JPNM2	0.317	0.398	208.8 ***		1.282	1.230	0.427
Call Rate	0.711	1.226	4.808 **	407.6 ***		0.528	0.292
JGBYield	1.905	0.540	0.103	0.978	0.776		2.182
JPNShare	12.76 ***	8.657 ***	2.684 *	3.913 **	2.450	1.013	
HKMB	0.548	1.288	8.310 ***	5.664 ***	0.891	5.041 **	0.439
HKM2	1.464	1.720	5.462 **	4.366 **	0.261	3.600 **	2.714
HKIntrate	0.020	0.111	3.421 *	0.579	0.412	1.773	0.185
HKShare	0.901	1.713	15.39 ***	5.127 **	0.424	7.197 ***	0.850
CNMB	0.315	0.799	0.429	1.180	0.227	0.094	0.862
CNM2	3.241 *	3.456 **	2.523 *	3.403 *	0.086	1.538	1.190
CNIntrate	2.044	1.127	3.661 **	7.751 ***	3.630 **	0.686	1.161
CNShare	0.570	0.272	8.649 ***	9.097 ***	1.124	2.866 *	0.443
CNProd	0.716	0.901	1.278	0.983	1.080	1.403	2.844 *

(注)　1. 各指標とも対数変換値。株価は指数（2010=100）［IFS］。BOJFRes. は外国銀行の日銀当座預金残高。2005年以降のみ公表。中国金利は貸出金利（IFS）。
　　　2. グレンジャー因果性については1期から2期ラグの数値の平均値。
　　　3. 数値はF値。***, **, * はそれぞれ1%, 5%, 10% の範囲での誤差を示す。

HKMB	HKM2	HKIntrate	HKShare	CNMB	CNM2	CNIntrate	CNShare	CNProd
2.197	0.098	2.716 *	3.899 **	0.344	1.984	1.696	0.321	0.199
4.163 **	6.575 ***	2.140	3.434	9.483 ***	0.625	0.791	3.140 *	5.045 **
0.480	2.026	0.583	1.341	2.648 *	0.127	1.237	6.205 ***	0.705
0.838	0.954	0.593	0.242	0.538	1.709	1.237	0.043	2.330
0.165	0.520	0.916	0.073	3.991 **	0.035	0.228	0.140	1.700
0.734	3.514 **	0.600	1.117	3.180 *	0.598	2.574 *	3.431 *	0.656
	0.663	38.65 ***	0.147	3.037 *	10.55 ***	13.03 ***	0.167	0.250
121.1 ***		6.640 ***	5.950 ***	6.053 ***	4.167 **	8.063 ***	3.249 *	27.22 ***
11.90 ***	0.632		2.254	1.402	2.232	1.439	2.12	0.307
0.390	0.247	27.22 ***		1.988	12.82 ***	11.61 ***	0.537	0.249
1.788	17.56 ***	0.241	2.020		0.673	0.055	0.793	8.121 ***
2.707 *	0.531	3.570 **	0.397	2.363		2.535 *	0.101	0.981
1.170	0.384	1.603	0.027	3.145 *	0.302		0.496	0.684
1.841	0.066	5.367 **	0.241	7.090 ***	4.439 **	3.690 **		0.482
9.710 ***	0.971	2.578 *	8.867 ***	2.810 *	0.534	1.580	5.614 ***	

HKMB	HKM2	HKIntrate	HKShare	CNMB	CNM2	CNIntrate	CNShare	CNProd
3.051 *	0.072	7.001 ***	0.358	5.925 ***	9.209 ***	5.255	2.718 *	0.468
3.792 **	0.045	8.349 ***	0.339	4.568 **	11.14 ***	7.843	0.800	0.423
1.114	1.209	0.473	0.242	0.410	1.293	0.477	0.642	4.118 **
1.424	0.484	0.336	0.490	0.662	7.449 ***	0.055	0.594	4.752 **
3.034 *	2.049	2.434	0.708	1.336	2.346	0.573	0.398	204.5 ***
0.063	0.921	0.311	0.239	2.398	0.249	0.311	0.730	0.645
5.256 **	0.847	2.642 *	1.789	5.892 **	0.575	1.557	3.589	0.452
	0.663	38.65 ***	0.147	3.037 *	10.55 ***	13.03 ***	0.167	0.250
121.1 ***		6.640 ***	5.950 ***	6.053 ***	4.167 **	8.063 ***	3.249 *	27.22 ***
11.90 ***	0.632		2.254	1.402	2.232	1.439	2.12	0.307
0.390	0.247	27.22 ***		1.988	12.82 ***	11.61 ***	0.537	0.249
1.788	17.56 ***	0.241	2.020		0.673	0.055	0.793	8.121 ***
2.707 *	0.531	3.570 **	0.397	2.363		2.535 *	0.101	0.981
1.170	0.384	1.603	0.027	3.145 *	0.302		0.496	0.684
1.841	0.066	5.367 **	0.241	7.090 ***	4.439 **	3.690 **		0.482
9.710 ***	0.971	2.578 *	8.867 ***	2.810 *	0.534	1.580	5.614 ***	

（出所）IFS database（IMF），FRB，日本銀行，中国人民銀行に基づく筆者による算定。

危機後の大幅な量的金融緩和によって下記のように非常に大きな影響を与えることとなった（表2-1）。

3.1.2　FRB 量的緩和政策期（2008.9–2014.10）

　米国の量的緩和政策（QE）では特にQE2（2010.11–2012.11），QE3（2012.12–2014.10）を含む期間においては，米国M2は中国のM2に対して因果性を持ち，中国国内金利と有意な因果性を示す（表2-1）。このことは，米国の民間銀行を通して中国の外貨保有に影響を与えていることを示す。中国人民銀行の資産構成は金保有に比べ外貨（すなわち米ドル）保有比率が高く，これがこうした因果性を示す背景となっているとみられる[15]。一方，香港のMBは中国のM2や株価に対し有意な因果性を示していた。これは，オフショア市場の香港と中国国内の金融市場に何らかの形で因果性を持っていたことを示す[16]。しかし，米国M2からの中国株価への直接的因果関係は示されていない。

3.1.3　量的・質的緩和（QQE）第 2 弾＋ Post QE3

　米国FRBのQE3終了後，ほぼ同時期（2014年11月）に中国国内市場（上海）と香港市場の相互取引が解禁されたことによって，世界の資金の流れが劇的に変化した（表2-2）。グレンジャー因果性で示すように，米国のM2及び米国債（TB10Y）は直接中国のマネタリーベース（MB）に対し有意な因果性を示している。さらに，香港の金融市場は，中国市場と一層強い因果性を示している。これは2014年10月以前にはみられなかったことである。香港のMB，M2とも中国のMB，M2に因果性があるのは米国のそれと同様であるが，香港M2は中国株価との直接の有意な因果性がみられる。また，香港市場の各変数（MB，M2，株価）と中国のM2に対する有意な因果性は米国，香港，中国がますます緊密な関係となっていることを示唆する。

　一方，日銀の量的・質的緩和（QQE）第2弾を開始した2014年11月以降，日本のMB及び日銀当座預金は香港の金利や中国のMBやM2に非常に強い

---

[15] これは先進国の中央銀行（日本銀行，欧州中央銀行［ECB］）ではみられない。
[16] 本稿ではグレンジャー因果性分析

因果性を示している。また中国の鉱工業生産に日本のM2や短期金利（call rate）が有意な因果性を持っている。

以上の分析から中国本土（上海市場）と香港市場との取引一体化は，上記のグレンジャー因果性において示された通りであり，日銀QQEや米国QE（2, 3）の実施に伴い中国と日米両金融市場との関係が飛躍的に拡大したことが示された。

3.2　インパルス応答関数分析（日本・米国・香港・中国）

ここではリーマンショック前の2001年4月〜2008年8月と世界金融危機発生後米国の金融緩和政策（QE1, 2, 3）が実施された2008年9月〜2014年10月，及び日銀の量的・質的緩和（QQE）第2弾（2014年11月〜2015年12月）を対象期間として，日米・香港・中国各市場相互にどのような影響を及ぼしてきたか検証する。米国QE1, 2, 3は断続的に金融緩和策が導入されたが，ここではインパルス応答関数により対象期間全体としての傾向を見る。世界金融危機前後から最近までの日米の量的緩和政策導入に伴う大きな変化については，日米香港中国の各金融関連指標を基にVARモデルに基づくインパルス応答関数の結果をまとめた（表3-1, 3-2）。

3.2.1　世界金融危機以前（2001.4–2008.8）

2008年8月までは，日本の量的・緩和政策（2001–2006）を含むものの，当時緩和マネーは資本規制が比較的維持されていた中国以外の市場で運用されていたとみられ，中国市場に対して大きな影響はみられない（表3-1）。本期間では，米国のMBは香港MBに正で有意な反応がみられるが，中国市場に対して概ね有意な反応はない。また，中国MB/M2は香港MBに対して正で有意な関係がみられる。注目されるのは，日本のMBは中国MBに対して，また中国のM2は日銀当座預金（BOJAC）を通して中国株価に正で有意な影響がみられる。

3.2.2　米国FRB・QE（1, 2, 3）・日銀QQE第1期（2008.9–2014.10）

2008年9月-2014年10月期には米国の量的金融緩和（QE）の影響が広がっ

表 3-1: Summery of Impulse Response Functions: Japan/US/HK/China

2001.4–2008.8		Japan							USA		
		MB	BOJAC	FExRes.	M2	Call Rate	Yield	Share	USMB	USM2	TB10Y
Japan	JPNMB		+	+							
	BOJAC										
	BOJFRes										
	JPNM2	▲	▲	▲				+			
	Call Rate							+			
	JGBYield							+			+
	JPNShare										
USA	USMB								▲	▲	▲
	USM2				+			+			+
	TB10Y	▲						▲	▲		
	TB2Y	+						+	▲		
	FF								▲	▲	
	USShare										
Hong Kong	HKMB			▲					▲		
	HKM2										
	HKIntrate		+								
	HKShare								▲		
China	CNMB			▲							
	CNM2		+	+							
	CNntrate		+					+			
	CNShare							+			
	CNProd	▲	▲				+				

2008.9–2014.10 [FRB QE; BOJ CME, QQE I]		Japan							USA		
		MB	BOJAC	FRes.	M2	Call Rate	Yield	Share	USMB	USM2	TB10Y
Japan	JPNMB		+		▲			▲	+		
	BOJAC	▲						▲	▲	▲	
	BOJFRes				+			▲	▲		
	JPNM2	▲	▲								
	Call Rate	▲								+	▲
	JGBYield										+
	JPNShare					▲					
USA	USMB		+	+	+				+		
	USM2	+	+		+						
	TB10Y				▲						
	TB2Y					+					▲
	FF			▲	▲	+	+		▲		+
	USShare										
Hong Kong	HKMB			+					▲	▲	
	HKM2	▲							▲		
	HKIntrate									+	+
	HKShare			▲							
China	CNMB		▲		▲	(+)			▲		
	CNM2	▲	▲		▲				▲		
	CNIntrate							▲		▲	
	CNShare	+	+					+	▲		
	CNProd		+						▲		+

(注) 1. +, ▲はそれぞれ有意性を持つ増加／プラスの効果，減少／マイナスの効果（原則的に有意な反応のみ）を示す．各変数の階差により定常性を確保しラグ1で算定．

2. MB，M2，日銀当座預金（BOJAC），外銀日銀当座預金（BOJFRes）は対数．株価は2010年を100としたindex．金利は%，中国の鉱工業生産は前年比伸び率．

先進国金融政策の新興国への影響

USA			Hong Kong				China				
TB2Y	FF	Share	HKMB	HKM2	Intrate	Share	CNMB	CNM2	Intrate	Share	Prod

USA			Hong Kong				China				
TB2Y	FF	Share	HKMB	HKM2	Intrate	Share	CNMB	CNM2	Intrate	Share	Prod

（出所）日本銀行，FRB，中国人民銀行，IFS（IMF）より筆者作成。

表 3-2　Summery of Impulse Response Functions: Japan/US/HK/China

2014.10–2015.12 [BOJ QQE II]		MB	BOJAC	FRes.	M2	Call Rate	Yield	Share	USMB	USM2
					Japan				USA	
Japan	JPNMB	+								
	BOJAC									
	BOJFRes.									
	JPNM2	+	+						+	
	Call Rate								+	+
	JGBYield				▲				▲	
	JPNShare						▲		▲	
USA	USMB	+	+		▲				▲	
	USM2								▲	
	TB10Y	+	+						▲	
	TB2Y						▲		+	
	FF				+				▲	
	USShare				+					
Hong Kong	HKMB				▲					
	HKM2				▲					+
	HKIntrate				▲					
	HKShare				+	+			▲	
China	CNMB				+					
	CNM2									
	CNIntrate				▲	▲				
	CNShare								▲	
	CNProd									

（注）　1. +, ▲はそれぞれ有意性を持つ増加／プラスの効果，減少／マイナスの効果（原則的に有意な反応のみ）を示す。各変数の階差により定常性を確保しラグ1で算定。
　　　 2. MB, M2, 日銀当座預金（BOJAC），外銀日銀当座預金（BOJFRes）は対数，株価は2010年を100としたindex，金利は％，中国の鉱工業生産は前年比伸び率。

ていることが確認できる（表3-1）。米国のマネタリーベース（MB）は日本の日銀当座預金/M2に正で有意な関係があるのは，金融量的緩和策の影響であろう。一方，香港のM2は中国本土のM2と負の有意な関係にある。これは，香港と中国本土との間で相互に資金が流出入する関係を示唆している。また，中国M2に対し日本の日銀当座預金は正の有意な関係があり，中国のM2は日銀当座預金を通して中国株価に正で有意な影響がみられる。以上のように，香港を経由した資金は中国本土の市場との密接な関係を維持し

先進国金融政策の新興国への影響

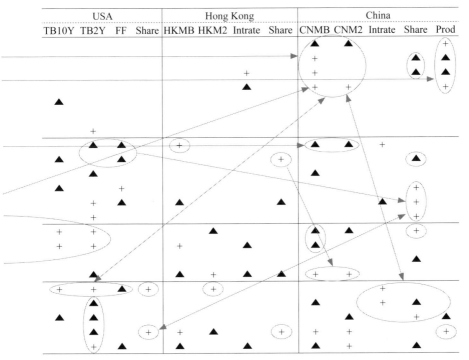

(出所）日本銀行，FRB，中国人民銀行，IFS（IMF）より筆者作成。

てきたことが示唆されよう。

3.2.3　日銀量的・質的緩和（QQE）第2期（2014.10–2015.12 [17]）

　日銀が量的・質的緩和政策（QQE）を開始した2013年4月以降，2015年までの期間では海外市場との影響が一層強まる傾向がある（表3-2）。特に2014年11月から2015年にかけてQQE第2期以降では，日本のマネタリー

---

[17] インパルス応答関数の対象期間は2014年10月以降を対象としている。これは，実際の実施直前の反応も含めるためである。また中国市場への影響については2015年8月の中国金融市場の混乱とその後の各種規制措置によって7月までの状況と大きく異なっている可能性があるが，頑健性の観点から量的質的緩和政策第2弾開始から2015年12月までを対象期間とする。

ベース（MB）は日銀当座預金，及び外銀・日銀当座預金も中国のMBに有意な因果性を示していたが，このインパルス応答関数でも中国MBに対し有意に正の影響が確認できる。このことは，急速に日中間の取引が香港経由のみならず直接の影響を持つようになっていることを示している。さらに，米国国債（TB10Y, TB2Y）利回りやFF金利は中国株価に正で有意な影響を及ぼしている。一方，香港と中国では2014年11月以降株式市場の相互取引が開始され，全対象期間でみると香港のMBが株価に及ぼす影響は有意な関係がみられ，相互に資金が互換的であることがうかがえる。これは前記のグレンジャー因果性の結果と整合的である。

このように日銀の量的・質的緩和政策に伴う日本からの大量のマネー供給は中国市場にも影響を与えている現状を表している。

4. 世界経済・市場安定化への課題

前述のように最近の日米金融緩和政策と国際資本移動の影響の変化，特に香港・中国市場の密接なつながりが，ますます強まっている。以下では世界経済全体と金融・資本自由化の本質的な問題及び課題について論じる。

4.1 世界経済・市場のリスク

現在の世界経済では，先進国，とりわけ米国経済の動向によってFRBの利上げの規模や時期が決定され，新興国経済や市場はそれに大きく左右される。また，現在世界で最も緩和的な日銀からのマネーが世界市場に流動性を供給している。その一方，新興国市場に流入したマネーは最近では先進国，特に米国に「逆流」し，株価や通貨は大幅に下落している。その一方，新興国で最大の中国における2015年夏の株価暴落に始まる中国金融バブルの崩壊によって世界各国の株式・金融市場は大きな影響を受けた。資本・金融開放度の高い国では経済・市場の変動制（ボラティリティ）が相対的に高く影響が大きくなっている。この意味から，小規模開放経済のみならず日本のような大国開放経済でも国際的な金融資本や機関投資家，ヘッジファンドなど

が単なる利益を求めて売買を頻繁に繰り返しており，それがボラティリティをさらに拡大している状況がある。このようにグローバル化した世界では以下のような状況に集約される。

　第一に，先進国と新興国・途上国の経済・市場は，一体化しており，とりわけ今後の新興国の経済・市場は先進国の景気回復や金融市場動向に依存している。しかし，グローバル化が拡大した結果，景気回復基調にある米国もまた欧州や新興国などの景気動向に依存しており，日本経済も同様である。また，世界第二位の経済規模を持つ最大の新興国である中国経済は日米先進国と異なり，外需依存度が高いため，同国経済・市場の低迷は国際商品市況や先物市場や他の先進国や新興国・途上国にも大きく影響する。このため，今後中国経済の動向は貿易・投資のみならず，金融市場を通して世界経済に大きな影響を与える。一方，中国の金融バブル崩壊で顕著となった中国経済の構造改革には中長期的な視点が必要であり，短期間ではその効果は期待できない。

　第二に，世界的に実体経済と金融市場の乖離がますます顕著となっていることである。これは，世界金融危機以降の日米を中心とした先進国の量的金融緩和が世界的な過剰流動性をもたらしてきたが，主に株式市場や商品先物市場など金融市場に向かうのみで実体経済と乖離する状況が継続している。今後とも量的金融緩和に依存する政策は日本の金融政策で立証されているように実体経済に直接効果が期待できない[18]。したがって，各国で金融政策の有効性を高め安定的な為替相場を実現するためには適切な資本移動の管理監督が必要である。

　第三に，本質的な問題として，過度な金融・資本自由化のリスクの高まりがある。例えば，ユーロ危機以降，低迷してきた欧州経済は世界金融危機に

---

[18] 大田（2013）は日本の量的金融緩和は実体経済にほとんど影響がなく，景気回復を目指して実施してきた日銀の金融政策は無効であることを示した。野口（2016）はマイナス金利導入は日銀量的緩和政策の限界から導入したものであり，両政策とも有効性はないと指摘する。

その根源がある[19]。したがって，ほとんどすべての危機的状況とそれを生み出す前提として過剰な資本流出入にある。この観点からも，世界経済・市場の安定化にはグローバル規模での資本規制及び為替取引規制が必要とされる。

4.2 先進国の課題

金融市場（株式・為替取引）における短期的な取引の拡大は，民間企業の業績にも影響し，さらに日本など先進国経済の回復動向にも多大な影響を与える。したがって，こうした市場の安定化をはかるためには，すでに EU は 2016 年中に導入される金融取引税のような規制の枠組みが重要である。その運営については，継続的な金融取引について課税が確保できることが望ましい[20]。市場や為替安定のためには日本にも EU と同様に金融取引税の導入が検討されるべきであろう。日本円や株価のボラティリティは非常に高く，その安定化の一助となることが期待される。さらに，こうした中，金融取引税導入は金融市場の短期売買の抑制に伴う安定化と同時に悪化している政府財政収支の改善に寄与する税収を確保することとなり，一石二鳥である。

ユーロ圏では大幅な制度変更は望めないものの，すでに EU で合意された財政規律の強化を進めるとともに，緊急時の短期資金の支援を行う欧州安定化メカニズム（ESM）の制度を一層整備することが必要とされる。2015 年 7 月にギリシャ債務危機は第 3 次となるギリシャへの金融支援は ESM を通じて行われ，総額は最大 860 億ユーロに設定された。過剰債務をももたらし背景にはユーロ圏が域内で固定相場制であるため，為替リスクなく，しかも何ら制限が存在しないため，内外資本の流出入が非常に激しい。したがって，

---

[19] リーマンショック前の 2006 年までのグローバル市場での金融市場の状況は，もともと日本の量的緩和政策（2001–2006）の円キャリー取引による米国内での大幅な過剰流動性が生み出したと考えられる。2007 年夏に顕在化したサブプライムローン問題も日銀の量的緩和政策の終了（2006 年 3 月）以降，米国市場での中小金融機関の業績悪化が背景となっているとみられる。

[20] EU の金融取引税の税収は各国で GDP 比 0.4–0.5％程度が見込まれている（European ommission）。

各国においても域内外との資本・為替取引規制・管理が一層重要である。

4.3　新興国での資本自由化と管理・規制の課題[21]

多くのアジアの国々ではアジア危機の経験から2000年代に入り，経済ファンダメンタルズの改善，外貨準備の積増に加え，IMFプログラムを脱して政策の独立性を維持しながら各国で独自の為替取引や資本取引の規制を実施してきた。このため，アジア各国では1997/8年のアジア危機のような本格的資本収支危機は回避されている。その一方，米国などへの資金回帰に動きに伴い為替下落や株価変動に直面し，アジア各国では成長率は減速している。

中国は経常取引を原則自由化しているが，資本規制は原則として継続してきた。しかし，2014年11月以降の香港と上海市場の一体運営の開始によって，部分的ながら事実上資本・金融自由化が実施されたことになる。このため，急激な資金流入に伴う株価の上昇と2015年夏の金融バブルの崩壊をもたらした。このことは，原則的に経常取引以外は資本規制を強いている中国においても，金融市場でバブルが発生し，それが崩壊するリスクがあることを証明している。すなわち，中国人民元の国際化の一環として実需面での人民元の交換性を実現してきたものの，金融取引の国際化には依然として問題が大きいことが露呈した。

中国でのバブル崩壊は単に同国のみならず，アジア経済や欧米経済にも大きな影響を与え，国際商品市場の動向も左右する。中国では国内金融市場の自由化は改革途上にあり，中国本土から香港のようなオフショア市場との裁定取引が可能となっている状況では，内外のクロスボーダー金融取引を助長させ，それが投機的マネーとして本国の市場の錯乱要因になる。したがって，中国の場合銀行セクターのプルーデンス政策を厳格にしないまま，人民元の国際化の一環として株式市場を香港以外とも開放することは非常にリスクが高い。現在でもすでに人民元取引は主要金融市場であるロンドンなどでも実施されており，上海とロンドン市場の株式相互取引も検討されているが，こ

---
[21]　ここでは産油国，資源輸出国を対象として論じていない。

れらについて当局は慎重に対応する必要がある。中小国とは異なり、世界経済や市場に非常に大きな影響を与える中国における金融・資本自由化は、今後非常に慎重に進める必要があることは認識されるべきであろう。一方、今後とも中小新興国は、国際資本移動の動向に翻弄されるリスクが高い。こうした中、各国金融当局がマクロ・及びミクロ・プルーデンシャル規制を厳格に実施し、間接・直接的な規制を場合に応じて導入することはますます重要になっている[22]。

おわりに

2000年代半ば以降、リーマンショック以降の世界金融危機においても主要新興国では本格的な資本収支危機は発生していない。これは基本的に各国が資本規制や為替取引管理・規制を実施し、プルーデンシャル面での管理を一層強化してきたことが挙げられる。しかし、中国における2014年11月以降の中国株価の異常な高騰と2015年夏の暴落にみられるバブルの発生と崩壊は、ある意味で部分的資本自由化でも資本移動が当該国に甚大な影響を与えうるということを示したものである。

本稿では米国及び日本の金融緩和政策の香港及び中国市場に及ぼす影響をVARモデルに基づくグレンジャー因果性及びインパルス応答関数を用いて検証した。その結果、2014年の中国上海市場とオフショアの香港市場との株式市場の一体化は当局の予想を超える資本の移動を生み出しており、各市場間において各指標(マネタリーベース、M2、金利、株価等)の有意な因果性の高まりと有意な影響を確認した。中国市場のバブルの発生と崩壊の経験は、部分的にせよ金融・資本市場の規制撤廃と自由化が、これほどの混乱を中国の経済・市場のみならず世界的に大きな影響を及ぼす結果をもたらすことを示した。

したがって、今後先進国、新興国を問わず、従来の資本・金融自由化を当然のこととして拡大してきたグローバル化について真剣に反省し、より精緻

---

[22] 間接・直接的資本規制に関しては、Epstein (2011)、大田 (2012) 参照

な管理や規制措置を導入することが求められている[23]。量的・質的緩和政策（QQE）自体が実体経済回復にはほぼ無効であり，現在では，日銀の国債保有は限界に達し中長期的に維持可能性が困難となっている。さらに，QQE実施を伴う内外への余剰マネー供給がグローバル市場で金融・マネー取引に使われそれが世界市場の不安定を引き起こしてきた可能性を考慮し，日銀当局はより慎重な金融政策の運営が求められる[24]。同時に日本においても短期の投機的な資金流出入に為替相場や株価が変動する現状を改善するために，EU型金融取引税を真剣に導入を検討すべきであろう。これは，従来の量的金融緩和政策が実体経済に有効でなかった事実を鑑み，完全な資本・金融自由化体制の下で大きく損なわれた現在の金融政策の有効性を高める意味でも重要である。

［分析に用いた変数］
1. 日本：マネタリーベース（MB），日銀当座預金（BOJAC），外銀日銀当座預金（BOJFRes），M2，コールレート（Intrate）（日本銀行時系列統計サイト［月時］）
2. 米国：MB，M2，TB10Y，TB2Y，FF：（Board of Governors of Federal Reserve System）
3. 香港：MB，M2，金利（money market rate）（IFS [IMF]）
4. 中国：MB，M2，金利（貸出金利）（IFS [IMF]，中国人民銀行），鉱工業生産［Prod］（中国人民銀行（調査統計局），IFS [IMF]）

---

[23] 中国市場の混乱に伴う2015年8月以降株価の乱高下にみられるとボラティリティを高める日本市場をみると，日本のような規模の大きい先進国市場でも資本・金融取引の完全自由化がいかにリスクの大きいものかを示している．したがって，今後どのような形で管理・規制するかを真剣に検討することが重要であろう．
[24] 日本の量的金融緩和政策の下，実際には金融取引に資金が流れ，日米両国で因果性が増している（Ohta, 2014）．その意味で量的緩和政策の実体経済に対する有効性は大幅に低下している．

参考文献

大田英明（2012），『資本規制の経済学』日本評論社

大田英明（2013），「日本の金融政策と資本流出入の影響—無力化する国内金融政策—」『立命館国際研究』第26号2，1–41頁．

大田英明（2015），「先進国金融政策の新興国への影響〜国際資本移動に伴うリスクと規制の課題」，『立命館国際研究』第28号2，85–117頁．

関根栄一（2014），「双方向での人民元建て証券投資を促進する上海・香港相互株式制度」『季刊中国資本市場研究』Vol. 8–2．

野口悠紀雄（2016），「マイナス金利は量的緩和と矛盾　欧州でも実体経済に効果なし」ダイヤモンド・オンライン，2016年2月6日

Bank for International Settlements (BIS) Statistics

Chinn-Ito Index – A de jure measure of financial openness – (http://web.pdx.edu/~ito/Chinn-Ito_website.htm)

Epstein, G. (2011), Should Financial Flows be Regulated? Yes, *Reforming the International Financial System for Development* ed. by J.K. Sundaram, Columbia University Press, New York.

Gallagher, K.P. (2011), Regaining Control? Capital Controls and the Global Financial Crisis, *PERI Working Paper No. 250*, February 2011.

Gallagher, K.P. (2015), *Ruling Capital: Emerging Markets and the Regulation of Cross-Border Finance*, Cornell University Press.

IMF (2012), The Liberalization and Management of Capital Flows: An Institutional View, November 14.

IMF *World Economic Outlook* database

IMF *International Financial Statistics* (IFS) database

JETRO「海外ビジネス情報」http://www.jetro.go.jp/world/invest.html

Ocampo, J.A. (2009), Reforming Global Reserve System, in S. Griffith-Jones, Ocampo, & Stiglitz ed. *Time for Visible Hand: Lessons from the 2008 World Financial Crisis*, Oxford University Press.

Ohta, H. (1998), Verifying the IMF Prescription: Suggested improvements to the International Financial Assistance Policy, Application of the IMF Prescription throughout the World, *Nomura Asia Focus* Autumn 1998: 1–16, 17–28.

Ohta, H. (2008), Capital/Financial Liberalization and Economic Development, *Bulletin of the Faculty of Law and Letters, Comprehensive Policy Making*, No. 24, February 2008.

Ohta, H. (2010), Effectiveness of Capital Controls in Asia: India and China as Successful Cases for Capital account liberalization. *Working Paper Series* No. 017, Center for China and Asian Studies, Nihon University, March 2010.

Ohta, H. (2010), Effectiveness of Capital Controls on the Economies in Indonesia and Malaysia,

Working Paper Series No. 018, Center for China and Asian Studies, Nihon University, March 2010.

Ohta, H. (2011), Capital Account Liberalization and Capital Controls in India ― Effectiveness of Controls in the Monetary/Financial Sector ―, mimeo, January 2011.

Ohta, H. (2012), Capital Account Liberalization and Capital Controls in Indonesia: Effectiveness of Controls in the Real Economy and Monetary/Financial Sector, *Paper presented for the 13th International Convention of the East Asian Economic Association (EAEA)*, Singapore, 19–20 October 2012.

Ohta, H. (2013), Impact of Increasing Capital Flows on the Real Economy and Financial Markets in Japan: Ineffectiveness of Monetary Policy Instruments, *Ritsumeikan Annual Review of International Studies*, 2013. vol. 12: 115–150.

Ohta, H. (2014), Evaluation of Monetary Policy in Japan: Integration between the US and Japanese Markets, *Working Paper Series* IR2014-3, International Studies Association of Ritsumeikan University, September 24, 2014.

Ostry, J.D., et al. (2010), Capital Inflows: The Role of Controls, *IMF Staff Position Note* 10/04. February 19, 2010.

Ostry, J.D., et al. (2011), Managing Capital Inflows: What Tools to Use?, *IMF Staff Position Note, SDN/11/06*, April 5, 2011.

Ostry, J.D. and A. Ghosh (2013), Obstacles to International Policy Coordination, and How to Overcome Them, *IMF Staff Discussion Note* 13/11.

Palma, G. (2012), How the full opening of the capital account to highly liquid financial markets led Latin America to two and a half cycles of 'mania, panic and crash', *Cambridge Working Papers in Economics* (CWPE) 1201.

Rey, H. (2013), Dilemma not Trilemma: The Global Financial Cycle and Monetary Policy Independence, *Federal Reserve Bank of Kansas City Economic Policy Symposium*

Rey, H. (2014), The International Credit Channel and Monetary Autonomy, *Mundell-Fleming Lecture at the IMF* on 13 November 2014.

Rey, H. (2015), World Asset Markets and the Global Financial Cycle, *NBER Working Paper* No. 21722 July 2014.

Sundarem, J.K. (2011), The Global Financial and Economic Crisis and Its Impact on Development, in Sundarem ed. *Reforming the International Financial System for Development*, Columbia University Press.

Thirkell-White, B. (2005), *The IMF and the Politics of Financial Globalization: From the Asian Crisis to a New International Financial Architecture?*, Palgrave.

Summary

Effects of Monetary Easing Policy in the US and Japan on Emerging Economies: Challenges to Control of Crises under International Capital Flows

Hideaki Ohta (Ritsumeikan University)

The major objective of this paper is to show importance and significance of capital controls and management under extremely free capital flows in the global markets. Monetary easing policies, adopted by the Federal Rerve Board and Bank of Japan after the Lehman Shock (Sept 2008), have accelerated capital flows to emerging economies. However, risks of crises in both of advanced and emerging economies are increasing with any change in the outlook of the US economy which affects the timing of expected interest rate hike by the FRB. Under complete free capital flows, almost all emerging market economies, including a large economy like China, are now totally dependent on the global capital flows in the world markets.

Granger causality tests and impulse response functions of VAR model are used to analyze the effects and causality of capital flows between the US, Japan, Hong Kong and China, to demonstrate the influences and effects of extremely easing monetary policy of Quantitative and Qualitative Monetary Easing [QQE] (BOJ) and Large-Scale Asset Purchases [LSAPs] or Quantitative Easing [QE] 2/3 (FRB). The results show that significant causality between the US /Japan and China in both monetary base and money stocks. The initiation of linkage and integration of trading between

Hong Kong and Shanghai markets in November 2014 triggered significant capital flows into China, which resulted in unusual rise of stock prices that collapsed in summer 2015. The experience of such a bubble and burst in China has shown that even a partial liberalization of capital account through an offshore market like Hong Kong has resulted in emergence of significant risks on the global markets and economies. It is therefore necessary and important to introduce several effective measures of capital controls and management to attain stable economic growth and stability in the global markets with less volatility in both advanced and emerging economies.

◇コメント◇

東洋大学　川﨑健太郎

　日米及び香港・上海の金融市場の変数間の因果性および連動性を検証した本論文の特徴は次の3点である。本論文は，1) 2014年の中国の上海・香港株式市場の一体化政策により，日米間の金融指標と中国市場の有意な因果性の高まりが確認されたこと，2) 事実上の資本取引の自由化となった一体化政策は，日米の金融緩和によって，巨額の資本流入を中国市場にもたらした可能性があること，3) 中国政府による人民元・金融取引の国際化推進政策は多くの課題を抱えており，新興国は先進国の金融政策の影響を強く受けることから，新興国の資本取引の自由化は慎重になされるべきであること，よって，先進国・新興国を問わず，各国金融当局はマクロ・ミクロ面での金融監督と，場合によっては資本移動に関する直接的・間接的な規制を導入すべきである，と主張している。

　2008年の世界金融危機以降，グローバル化した先進国の金融市場の混乱は，新興国にも深刻な負の外部性をもたらすことを露呈した。これまで自由化が促されてきた新興国は，近年，再び資本規制導入に対する関心を高めている。本論文の意義は，金融自由化を推進してきた中国の金融市場に生じた2014年以降の混乱を教訓とし，他の新興国の健全な経済成長と金融市場の発展に対して示唆を与えようとした点であったと考えられる。

　しかしながら，本論文の実証分析で用いられた分析手法：Granger因果性検証とVARモデルに基づくインパルス応答関数の分析，それら分析結果の解釈には，留意しなければならない点がある。Granger因果性の検証は，経済学的な根拠を持った因果性の証明ではなく，またインパルス応答関数の反応から，変数間に何らかの有意な相互関係が認められても，変数が他の変数に及ぼす影響が直接的影響によるものなのか，分析モデルに含まれない変数を経由した間接的な影響なのかについて区別することができない。とりわけ「日本の金融緩和の継続が中国市場に過剰な資金流入を引き起こした」との

指摘は，上記の点を十分に考慮しなければならない。

　本論文の実証研究の分析結果は，読者に次の3つの論点：①先進国の金融政策の転換は新興国に悪影響を及ぼすか，②上海・香港株式市場の一体化政策は誤りか，③資本規制導入は国際資本移動の悪影響を軽減しうるか，について問題提起したものと思われる。

　論点①は，本論文の実証分析によって，先進国の金融指標と新興国の金融指標との連動性およびその影響度を確認することができた。しかし本論文は定量的な影響度の大きさを測定するに留まり，先進国－新興国の市場間の高い連動性が，どの様な場合に「悪影響」として新興国経済に及ぶのかという定性的な結論は導くことができなかった。これらの結論を得るには，資本が新興国のどこに，どれだけ流れ，貸借のリスクテイクを誰が，どのように，行っているか，資本移動の不確実性に対し，通貨当局はどのような備えを持っているか，等についても検証を行うことが必要である。

　論点②については，中国政府はIMFが推奨する金融市場の自由化順序（＝Sequencing Path）に従い，資本勘定取引の自由化を行っていたことを踏まえると，2014年11月に行われた一体化政策の何が問題だったかが問われる。本論文が2014年以降の日米中の金融市場の連動性の高まりを指摘したことは，金融市場の自由化政策には，長期的視点に立つ順序とともに，短期的視点に立ち，施策の適切なタイミングが計る必要があったことを示したとも言える。

　論点③については，分析対象となった中国の教訓を，他の新興国へ一般化できるかについて，強い疑問が残る。

　資本規制の導入への経済学的根拠には，1）固定為替相場制度・管理為替相場制度の管理手法，2）国内金融セクターの産業保護政策，3）公共財としての自国通貨・金融システムの防衛などがあげられ，経済発展の度合いと一体であると言える。一方，資本移動への規制導入・規制緩和は，金融政策や財政政策のような景気対応策ではないことに留意しなければならない。先進国の金融政策にあわせ，資本移動への規制緩和・規制強化を繰り返す際の政

策効果は，当該国通貨が市場からの信頼を失うばかりでなく，金融危機への事後的措置の導入効果と等しく，事前効果の抑止力が機能しないことを意味する。つまり，先進国の政策変化によって生じる国際資本移動がもたらす負の外部性に対し，資本規制の事前効果を最大にして持続的な経済成長と整合的な制度として導入すべきであるとするならば，本論文は「新興国にとって望ましい資本規制とは何か」について，十分な示唆を与えることはできなかったといえる。

参考文献

Karacadag, C., V. Sundarajan and J. A. Elliot (2003), "Managing risks in financial market development: the role of sequencing," *IMF working paper*, WP/03/116, International Monetary Fund.

共通論題

アジア新興国と中所得国の罠

早稲田大学　トラン・ヴァン・トウ

はじめに

「中所得国の罠（the middle income trap）」を2007年に造語したGill and Kharasは最近の論文（Gill and Kharas 2015）で次のように述べている。「経済理論の主流は高所得経済の問題を研究し，開発理論は低所得国の成長問題を理解しようとしている。（中略）現在，低所得国の住民は10億人足らず，高所得国にも10億人未満しか住んでいない。これに対して，世界人口70億人のうち50億人もが，中所得経済に住んでいるのである」。

一方，世界銀行と中国政府が作成した報告書World Bank and PRC（2012）によると，1960年時点で101もあった中所得国・地域のうち，2008年までの間に高所得国に発展したのは，13か国・地域のみであった。しかも，その中には人口100万人未満の小国や小規模人口の都市国家も含まれているので，ある程度の人口規模，また農業国から出発して高所得レベルまで発展できた国は非常に少ない。言い換えれば，中所得レベルの発展で止まった国が非常に多い。そのような国の中で長期にわたって発展が停滞した場合は，中所得国の罠に陥った状態である。

これらの事実は，中所得国の持続的発展の理論的・実証的・政策論的研究がいかに重要であり，かつ緊急課題であるかを示している。

ところで，過去四半世紀の世界経済の年平均成長率は2.4％であったが，アジア地域（人口500万人以上の東と南アジア諸国）は，高所得国になった日本や韓国などを別として，すべての12か国が4％以上成長した。そのうち11か国は，世界銀行の定義による中所得のレベルに達した。これらのア

ジア新興国が今後いわゆる中所得国の罠を回避し,高次レベルへ発展できるだろうか,その条件は何か。これが本稿の課題である。

中所得の範囲は広いので,世銀の分類でも低位中所得国と高位中所得国に分けられている。しかし,中所得国の罠に関する研究は盛んになったが,これまでのほとんどの研究は,中所得国を一括して扱っている。それに対し,本稿は,低位と高位中所得国を明確に区別し,それぞれに発展段階論的特徴をつけ,アジア新興国を考察する。同じ中所得国でも一人当たりGDP(またはGNI)2,000ドルの国と1万ドルの国が直面する問題が同じではないと考えられるからである。

本稿の構成は次の通りである。まず,現在のアジア新興国に関していくつかの特徴を指摘しておく(第1節)。これらの特徴は本稿の理論的・実証的課題の出発として重要である。

次に本稿の課題を分析するための理論的枠組みを構築する(第2節)。ここでソロー成長モデルから出発し,発展過程における資本と技術進歩の役割を吟味する。その中で低位中所得国と高位中所得国それぞれの特徴と,罠を回避する課題は何か,その課題に関して各発展段階に対応する制度要因は何かを示す。また,この発展プロセスを国際分業的視点からみると,後発国に追い上げられる中所得国が制度要因の改善が遅れて比較優位産業を創出できない場合,中所得国の罠に陥る可能性があることも指摘する。この分析枠組みに基づいてアジア新興6か国を検証する(第3節)。最後に,本稿の分析結果をまとめ,残された課題を述べる。

第1節　アジア新興諸国と中所得国の罠

1. アジア新興諸国の登場

アジア地域が「世界の成長センター」と言われて久しいが,この20年あまりの成長も目覚ましい。1990年から2014年まで,アジア諸国の年平均実質GDP成長率は世界平均(2.4%)を大きく上回る成長を記録した。表1が示しているように,中国(9.6%)を筆頭に東アジアと南アジアはいずれも

4%以上の成長を遂げており,アジア諸国の成長ぶりを確認できよう。

アジア地域においては,1980年代後半以後,韓国や台湾に続いて,マレーシアやタイ,さらには中国が成長ペースを高めて,先行して発展を遂げた。1990年代後半にアジア通貨危機による一頓挫があったものの,2000年代に入るとインドネシアやフィリピンが成長力を高めた他,インドやベトナムが高い成長をキープ,さらにはカンボジア,ラオス,バングラデシュなど後発国も発展の輪に加わり,アジア全体が発展を遂げている。こうして,アジア諸国は2014年時点でカンボジアを除いて中所得国（世界銀行の基準では一

表1　アジア諸国の経済成長率,所得水準

国	平均成長率（%）(1990–2014)	1990–99	2000–14	一人当たりGNI（2014年,名目ドル）	一人当たりGNI（2014年,PPPドル）
カンボジア（L）	7.4	7.0	7.5	1,020	3,080
バングラディシュ（LM）	5.2	4.5	5.6	1,080	3,340
パキスタン（LM）	4.0	3.8	4.1	1,410	5,100
インド（LM）	6.3	5.6	7.0	1,570	5,760
ラオス（LM）	6.6	6.0	7.1	1,650	4,910
ベトナム（LM）	6.6	7.4	6.2	1,890	5,350
スリランカ（LM）	5.4	5.0	5.6	3,400	10,270
フィリピン（LM）	4.1	2.7	5.0	3,470	8,300
インドネシア（LM）	4.8	4.1	5.2	3,630	10,250
タイ（UM）	4.0	4.3	3.7	5,370	13,950
中国（UM）	9.6	10.1	9.4	7,380	13,130
マレーシア（UM）	5.6	6.7	4.7	10,760	23,850

（注）1. 1990年〜2014年の平均成長率が4.0%を上回るアジア諸国（人口500万人未満の国は除く）。
2. 世界銀行は2014年時点の一人当たりGNIを基準に,高所得国（H）,高位中所得国（UM）,低位中所得国（LM）,低所得国（L）と4つの段階で所得分類を行っている。ここで,低所得国は1,045ドル以下。低位中所得国は1,045ドル超4,125ドル以下。高位中所得国は4,125ドル超12,735ドル以下。高所得国は12,735ドル超である。

（資料）World Bank, *World Development Indicators*

人当たり GNI が 1,045 ドル超 12,735 ドル以下）となった（表 1）。またカンボジアにおいても一人当たり GNI は 1,020 ドルで中所得レベルに近い。アジア地域はほぼ中所得の国々の集まりと言えるだろう。表 1 が示しているように，現在，マレーシア，タイと中国は高位中所得国で，カンボジアとデータの信頼性に問題があるミャンマーを除いて残りはすべて低位中所得国である。こうした発展によって，アジア諸国では貧困が大幅に削減された（世界銀行のデータによる）。要するに，アジア諸国は基本的に貧困悪循環から脱出し，中所得の段階まで発展できたのである。これらの国の現段階の大きな特徴として，さらに 2 つを指摘しておきたい。

　第 1 に，各国の発展プロセスは工業化過程でもあり，その過程に労働が農業部門から工業部門へ移動してきた。現在，高位中所得国において労働過剰から労働不足経済への転換（いわゆるルイス転換点）を経過したか，その転換点を迎えつつある。人口が 3,000 万人と比較的少ないマレーシアは 1990 年代に労働不足に直面し，インドネシアやフィリピンからの労働者を受け入れていた。マレーシアは少なくとも 2000 年頃に転換点を迎えたと考えられる。タイは，松本（2015）によれば，1992 年ごろに転換点を迎えたが，その後ミャンマーから大量の労働者が流入してきたので，やや異なる様相を示している。しかし，これらの労働の移入が一時的に一部の非熟練集約的産業の競争力を維持させたが，現時点では転換点を通過した高位中所得国の課題を抱えている。ちなみに，末廣（2014, p. 133）によれば，タイは 2000 年以降，慢性的労働力の不足に直面していた。一方，中国は転換点を通過したかどうか，最近研究が盛んになった。多くの論者は，中国はまだ転換点を通過していないが，その近傍に位置しているとみている（南ほか 2013）。

　ところで，人口の構造変化をみると，現在，高位中所得国において人口ボーナス期間（生産年齢人口比率が上昇を始めた年からピークで低下を始めた年までの期間）がほぼ終了しつつある[1]。ルイス転換点の通過と人口ボー

---

[1] 人口ボーナスの終了年として中国は 2010 年，タイ 2012 年，マレーシア 2019 年である。国連の *World Population Prospects 2012* のデータによる。

ナス期間終了は高位中所得国の最大な特徴の1つで,新たな発展段階を迎えることを意味している。なお,低位中所得国はそのような段階に達していないので,労働力がまだ豊富な経済である。

第2に,上述のように各国の発展プロセスは工業化の過程であるが,現段階に早くも脱工業化の傾向を見せている。GDPに占める製造業の付加価値の比率が,2000年代の半ばから,低位中所得国も含む多くの国で低下傾向を見せている。輸出総額に占める工業品のシェアも同様の傾向を示している。この脱工業化 (de-industrialization) の現象をどう評価すべきか[2]。

2. 中所得国の罠

アジア諸国は,人口ボーナス期間の豊富な労働力を活用し,工業化による発展を遂げて,低所得国から中所得国に到達した。しかし,今後,低位中所得国が高位へ,高位中所得国が高所得への発展ができるだろうか。それとも多くの中所得国が経験したように今のレベルで停滞して,「中所得の罠」に陥ってしまうか。これまでの研究は,両方の可能性があることを論じている。例えば,2011年にアジア開発銀行(ADB)が発表した報告書『アジア2050～アジアの世紀実現に向けて』において,「現在のような成長が持続するならば,2050年までにアジアが世界経済全体に占める割合が5割に達する」という「アジアの世紀シナリオ」が示される一方,アジア中所得国が政策課題をタイムリーに克服していかないなら「中所得の罠」に陥って,世界におけるシェアも3割程度にとどまってしまう」との見方が示された(ADB 2011)。

「中所得の罠」を巡る議論が広がる契機となったのは,2007年の世界銀行の報告書『東アジアのルネサンス』(Gill and Kharas 2007) である。世界銀行は,アジア通貨危機発生後10年目にあたる2007年に,その報告書の中で「アジア通貨危機を克服,成長軌道を取り戻した東アジア諸国の多くは,貧困からの脱却を最重要課題とする低所得国の段階を終え,すでに中所得段階に達している。しかし,東アジア諸国が今後,中所得段階から高所得国にス

---
[2] ASEAN諸国についてトラン(2016a)を参照。

テップアップするためには，発展パターンの転換が必要である」と指摘した。そして，成長パターンの転換がなされず，これまで同様のパターンが継続されただけでは，かつての中南米諸国や中東地域がそうであったように，「中所得国の罠」に陥り，停滞を余儀なくされる可能性が指摘された。

　表2はアジア諸国を世界銀行の所得分類で区分したものである。これをみると，世界銀行が所得区分を公表し始めた1987年時点で，マレーシア，タイ，フィリピンが低位中所得にあり，それ以外の国は低所得段階に位置づけられている。マレーシアは1992年，タイは2010年に高位中所得国の位置に上昇した。注目すべきは中国で，1997年に低位中所得となり，2010年には高位中所得国と早いスピードでステップアップした。他方，フィリピンは1987年以前にすでに中所国（低位）であったが，2014年時点でも同段階にとどまっている。表2の右端の欄は，各国が現在の発展段階になってから何年間経過したかを示している。ちなみにFelipe (2012) は経済発展が成功した諸国の経験を考察した結果，低位中所得から高位中所得まで平均して28年，高位中所得から高所得まで14年間かかったことが分かった。もしこの経験則が正しいならば，低位中所得国として28年間以上経過した国，または高

表2　アジア新興諸国の所得水準の推移

	1987年の所得水準	中所得（低位）になった年	中所得（高位）になった年	2014年の所得水準	滞在年数
マレーシア	中（低位）	1987*	1992	中（高位）	13
タイ	中（低位）	1987*	2010	中（高位）	5
インドネシア	低	2003	—	中（低位）	12
フィリピン	中（低位）	1987*	—	中（低位）	28*
ベトナム	低	2009	—	中（低位）	6
中国	低	1997	2010	中（高位）	5
インド	低	2007	—	中（低位）	8

（注）滞在年数は現在の所得段階になってからの経過年数。*印は1987年以前になったことを示す。従って，フィリピンは28年以上となる。
（資料）World Bank, *World Development Indicators*

位中所得国として14年以上経過した国はすでに「罠」に陥ったと理解できる。このように考えると，フィリピンは既に低位中所得国の罠に陥った。もちろん，貧困の罠の問題と同様，戦略・政策次第で，罠から脱出することができると考えられる。

　ちなみに，高所得国である日本，台湾，シンガポール，香港は1987年段階ですでに高所得国に位置づけられていた。韓国は1987年時点では高位中所得であったが，1995年に高所得段階に到達した。

　現在，高位中所得国になった中国，マレーシアとタイは，今後，韓国や台湾のように高所得段階に到達できるのか。また，低位中所得国になったインドネシアとフィリピン，そしてこの発展段階に仲間入りしたばかりのベトナムが，ワンランク上の高位中所得段階にステップアップできるのか，あるいは成長が停滞し，いわゆる「罠」に陥ってしまうのか。アジア中所得国は現在，大きな岐路に立っている。次節でこの課題を考えるための分析枠組みを構築する。

第2節　経済発展段階と中所得国の罠の参照枠組み

1．経済発展段階論
(1) 資本蓄積・技術進歩と経済発展：ソロー成長モデルの吟味

　経済発展段階論を本格的に考える前に，発展過程における資本と技術進歩の役割を示しておきたい。

　簡単な経済成長モデルから出発して，発展の各段階にどのような要素が重要であるかを吟味してみる。図1はソローモデルで考える成長メカニズムである。ソローモデルでは，生産関数は次のような簡単な形で表される。

$$y = f(k) \tag{1}$$

yは労働（L）一人当たり生産（Y），kは労働一人当たり資本ストック（K）である。(1)式では労働一人当たり生産は資本・労働比率（資本蓄積）kに依存することを示す。図1はその関係を表し，kが増加するにつれてyも増加するが，収穫逓減法則で増加率が減少していく。ここで強調しておきたい

ことは，当然のことであるが，資本蓄積の最初の段階（例えばk1）と比べて，後の段階（例えばk2）において資本の生産への貢献が小さくなることである。

ところで資本ストック（K）は投資（I＝iY）で増加するが，減価償却（D＝dK）で減少する（iとdはそれぞれ投資率I/Yと減価償却率D/Kである）。簡単化するために，外資を考えない閉鎖経済（または純外資がゼロ）の場合，投資は完全に貯蓄（S＝sY）で賄うことになる（sは貯蓄率S/Y）。すなわち，

$$iY = sY$$

である。結局，資本の増加（ΔK）は次のような2つの要因で決まる。

$$\Delta K = sY - dK \quad \text{または} \quad \Delta K = iY - dK \qquad (2)$$

(1) 式のように (2) も労働一人当たり資本ストックの形にすると，

$$\Delta k = iy - (n + d)k \qquad (3)$$

但し，nは労働増加率である。(3) は労働一人当たり資本ストックが投資で増加するが，労働の増加と減価償却で減少することを示している。iyが（n＋d）kを上回る限り，労働一人当たり資本（k）が増加し，資本深化が進んで，労働一人当たり生産（y）も増加していく。このプロセスは，iyが（n＋d）kと等しくなる水準まで続く。この水準は定常状態を示し，投資が続いても資本蓄積は定常状態に戻ってしまうのである。図1のE点はそうである。

ところで，投資曲線がiyからi'yに上昇すれば新しい定常状態（F）ができて，一人当たり所得もy_1からy_2に上昇する。技術進歩に伴わない投資率の上昇は従来の生産関数のままで生産が（RからSへ）変化することに注意しておきたい。これに対して，技術進歩も伴われる場合，y曲線がy'への上方にシフトし，生産が大きく増加する。

(2) 発展段階と中所得国の罠

1国の経済発展は，その過程をいくつかの段階に分けられるが，分析視点によってさまざまな段階区分があり得る。ここでは世界銀行の分類に従って，発展水準の総合的指標である一人当たりGNI（国民総所得）またはGDP（国内総生産）を基準にして1国の発展過程を4つの段階（低所得，低位中所得，高位中所得と高所得）に分けて，それぞれの段階を経済学的に特

アジア新興国と中所得国の罠

図1 ソロー成長モデル：資本蓄積と技術進歩の役割

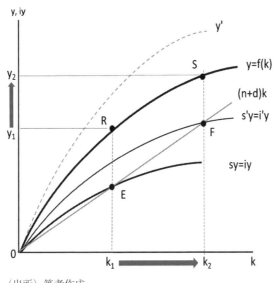

（出所）筆者作成。

徴づけてみる。図2の上部はそれを表しているが，世銀は名目一人当たりGNIを基準にして，毎年その基準を変更しているのに対して，図2では実質一人当たりGDP（またはGNI）を考えている。以下では，このような単純な考察から出発するが，各段階の特徴を吟味して，高位中所得だけでなく，低位中所得の罠の可能性も検討する。

図2では，ABは伝統社会が支配的で，未開発（あるいは低開発）が特徴付けられる段階である。この段階では，経済的には低所得が低貯蓄・低投資・低生産性をもたらし，低生産性はまた低所得につながるという貧困の悪循環あるいは貧困の罠が特徴である。貯蓄・投資が低水準で人口の増加程度しか増加しないから労働一人当たり資本蓄積が進まないのである（図2の下方の部分のB点はkが非常に低水準にあると考えられる）。この段階の経済は自給自足の性格が強く，市場が未発達で，資源配分が習慣や信念といった

77

図2　経済発展諸段階

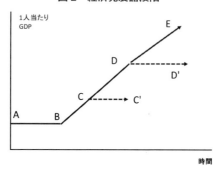

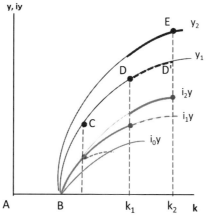

（注）　AB：伝統社会，貧困の悪循環　　BC：経済発展の初期段階，貧困からの脱出
　　　　CD：低位から高位中所得へ　　　　DE：高所得への持続的発展
　　　　CC'：低位の中所得の罠　　　　　　DD'：高位の中所得の罠
（資料）筆者作成。

伝統的ルールによって行われる。BCは経済発展が起動し，低位中所得の水準に達成できる段階である。経済がさらに発展すると，D点（高位中所得）へ進む。発展の起動とは，例えば指導力の強い政治家が現われ，強力な政策で貧困の罠から脱出することができるケースである。起動のきっかけは，外国の脅威に晒され，国力を強めなければならない意識がエリート層に芽生え

ることや，貧困で社会・政治の不安が高まって国民の不満の勃発を心配する支配者または支配集団が積極的に対応しなければならなくなるケースなどがある。

ところで，AB段階は市場が未発達であると特徴づけることができるならば，B点から出発する発展過程は市場経済の発達過程として捉えられる。差し当たりC点を考えないことにしてまずD点に注目したい。D点以降の経済は2つのケースに分かれる。それは高所得に発展するDEと停滞・低成長に転落するDD'である。後者はいわゆる中所得国の罠に陥ることになる。

さて，D点はどのような性格を持っているだろうか。現在，中所得国として分類されているマレーシア，タイや中国などの特徴，また日本など先進国が中所得国の段階にみられた特徴を念頭におくと，発展の初期段階は労働が農業から工業部門へ移動する過程でもあるので，D点はルイスの発展モデルで有名な労働過剰経済から労働不足経済への転換点であると考えられる[3]。また，詳細は後述するが，発展の初期段階は資本蓄積の成長への貢献が大きいので，要素投入型成長が特徴的である。その後の段階に資本の限界生産性が本格的に低下するので，全要素生産性の役割が重要になってくる。従って，D点は要素（資本）投入型発展から全要素生産性中心の発展への分岐点として考えられるのである。

ところで，D点以降の発展はどのように展開するだろうか。

既述のように，D点以降は2つのケースに分けられ，高所得，先進国に進む場合（DEの方向）と，停滞のまま続く場合（DD'の方向）がある。DD'は簡単化するため極端なケース（一人当たりGDPがゼロ成長）を描いているが，低成長のケースも含む。D点以降には，なぜ2つの経路が生じるだろうか。

上述のソローモデルのエッセンスを図2の下部に組み入れ，経済発展段階と資本蓄積との関係を吟味してみよう。図の上部では縦軸は人口一人当たり生産

---

[3] 日本は1960年頃に転換点を迎えた（南1970）が，その時の所得水準からみて高位中所得国であった。

または所得（Y/N）をとり，横軸は時間を示すが，下部は図1と同様，縦軸と横軸はそれぞれ労働生産性と労働1人当たり資本蓄積であり，図の上下は対応している。

図2のABは伝統社会で，貧困の悪循環に喘いでいる。この段階に資本の蓄積が本格的に行われない（労働一人当たり資本ストックが低水準である）。しかし，上述のように何らかの要因を契機にB点から発展軌道に乗った開発途上国は，初期の技術水準の下で投資（投資曲線i_1y）を行い，資本蓄積を続ける。これに伴い，一人当たり産出も産出曲線y_1に沿って増加し，BC軌道のように低所得から低位中所得C，更に高位所得水準Dに向かう。

しかし，行政上の煩雑さや脆弱なガバナンス（政策の透明性の欠如や腐敗など）などの制度的欠陥から，産出拡大に寄与しない投資が行われ続けると，資本蓄積のスピードが遅滞．そして，場合によっては，投資環境の悪化による投資率の低下で投資曲線がi_0yに下方シフトしてしまう状況になる。これに伴い，本来であればD点に向かって拡大するはずだった所得は，Cに止まる状態になる。筆者はこの現象を低位中所得の罠と呼ぶ。

他方，上述のような制度的欠陥が少なく，低位中所得の罠を回避し，高位中所得段階に達した国は，初期の技術水準での定常状態に近づくため，そのままでは所得増加ペースは遅滞を始める。ここで，技術進歩に伴わない投資率を高めても（i_1yからi_2yへのシフト），y_1曲線上でDからD'へ，低成長しか実現できない（DとD'はそれぞれ図1のRとSに相当する）。このままでは高位中所得の罠に陥る可能性がある。

一方，高位中所得の段階から技術水準を高めた国は投資曲線iy_1からiy_2へのシフトと共に生産曲線yもy_1からy_2へシフトし，所得が高次のEに達成して，高位中所得の罠を回避して高所得国に発展できるのである。

2. 要素賦存状況の変化と中所得国の罠

ここでまず，図1と図2の分析を要約し，補足説明を行いたい。人口密度が極端に小さい国を除くと，経済発展が開始する時点では，労働が過剰（限

界生産性がほぼゼロ）な経済を特徴とする国が多い。資本蓄積（労働一人当たり資本量の増加）に伴う工業化が進行し，過剰労働力を吸収していく。そのプロセスがやがて労働過剰が解消する時点まで進むと，経済が新しい局面を迎える。労働過剰から労働不足への転換点である。この時点から実質賃金が上昇し，それに見合う労働生産性が上昇するかどうかという問題が重要になる。その時点は，図2のD点に対応する。一方，経済発展の過程において資本蓄積の役割も変化し，経済発展の初期段階においては資本の貢献が大きく，その後の段階では技術進歩が重要になる。言い換えれば，成長会計の手法で経済成長に対する各要素の貢献を分解すれば，初期段階に資本を中心とする要素投入型成長，後の段階に技術進歩による全要素生産性が重要になる。

　このように労働が豊富に存在し，資本蓄積の役割がまだ大きい高位中所得レベルまでの発展過程において要素投入型成長パターンが特徴であるが，その後に高所得レベルへの持続的発展のために，全要素生産性型成長へのシフトが必要になってくる。筆者がこの考え方に至ったのは，クルーグマン（Krugman 1994）の見解をめぐる論争を読んだときであった。周知のように，世界銀行（World Bank 1993）が発表した有名な報告書『東アジアの奇跡』に対するクルーグマンの問題提起がきっかけになり，この地域の発展は要素投入型成長であったか，全要素生産性の欠如であったかどうかをめぐる論争が展開された。これに関して故速水佑次郎教授（速水2000）は，アメリカなどの経験を踏まえ，経済が発展の最初の段階では，通常投入型発展が特徴付けられ，その段階を経過した後，全要素生産性中心の発展段階へ転換すると主張している。筆者はこの主張に賛成し（トラン2001），それ以来，発展段階論・中所得の罠論との関連でその点を理論づけようとしてきた（トラン2010，特にTran 2013）。ここでは図2を使ってもう少し詳細な理論的展開を試みたい。

　既に指摘されたように，図2でのD点は労働過剰から労働不足への転換点，要素投入型成長から全要素生産性の成長への転換点に合致すると考えられる。2番目の転換点の実証は難しいが，既述のように労働供給の転換点は日

本，台湾，韓国の発展経験から見て，高位中所得のレベルの近辺に生じているのである。

　以上の考察からは，経済が中所得レベルのD点まで発展してから，労働供給の変化，資本蓄積の役割の変化に対応できれば高所得国（E点）へ進めるが，それができなければ中所得国の罠に陥ると考えられる。従って，労働の質の向上，科学技術の振興，イノベーションの促進の努力を通じた労働生産性の上昇，産業構造の高度化といった具体的な対応を取らなければならない。

　ところで，中所得国は低位と高位に分けられるが，以上の分析は高位の場合についてである。要素市場からみて高位の場合（図2のD点）は，上述のように労働が過剰から不足への転換点にあり，資本投入型成長が限界に達したことなどを特徴づけられる。

　一方，低位の場合（図2のC点），貧困の悪循環・貧困の罠から脱出できたが，労働がまだ過剰で，資本蓄積の役割がまだ大きいので投入型成長を続ける余地がある経済として特徴づけられる。このため，この段階では労働市場と資本市場の質が問題になる。市場が未発達であったり，歪曲に直面したりすれば資源配分が非効率になる。例えば，労働市場の低発達により，労働過剰と労働不足が併存する現象がみられ，また，資本市場の低発達により資本の非効率な使用など，資源配分の歪みが生じるのである。特に汚職や官民癒着が深刻な経済において，資本へのアクセスは不平等をもたらし，特権階級の既得権益が形成され，レントシーキングの弊害が温存される。このような場合，低位中所得の水準のまま罠に陥る可能性がある（図2上部のCC"の低位中所得国の罠）。

　ところで，要素投入型成長と全要素生産性（TFP）の実証が容易ではない。成長会計の方式でTFPが残余として推計されるが，資本と技術を分離できない場合が少なくない。資本に体化された（embodied）技術と体化されない技術がある。(1990年までの) 東アジアの発展が投入型成長であったというKrugman（1994）の見解に対して，例えばChen（1997）はそれまでの東アジアの技術進歩が主として資本蓄積に体化されたと主張し，クルーグマンを批

判している。なお，Perkins（2013）は資本蓄積とTFPを区別せず，資本蓄積はTFPをもたらすものと，もたらさないものがあると指摘している。また，TFPの源泉は2つがあり，制度改革，資源配分の改善によるもの（途上国によくみられる現象）と，研究開発・技術進歩によるもの（先進国の場合）があると考えている。この指摘は示唆的である。筆者の枠組みも発展の初期段階（高位中所得までの段階）において要素投入型成長が重要であると考えるが，TFPの役割を否定するのではない。高位中所得レベル以降，TFPがより重要になるし，その源泉は研究開発・技術進歩であると考えるのである。

3. キャッチアップ型工業化：雁行型発展の示唆と脱工業化の問題

　さて，次に経済発展の過程における国際分業の変化を考察し，中所得国の罠の可能性を考えてみよう。図2は発展の過程に要素賦存状況が変化したことも示している。それに対応して比較優位構造も変化することはいうまでもない。D点はルイスの転換点にほぼ一致すると考えられるので，高位中所得の段階までこの国は労働集約的産業に比較優位を持っているのである。他方，D点から労働集約的産業において後発国に追い上げられるので，比較優位構造が資本集約的産業や技術集約的産業にシフトできなければ中所得の罠に陥るのである。

　このようなダイナミックな展開は雁行形態論の体系で分析できる。

　雁行形態論は基本的に後発国のキャッチアップ過程を説明する分析フレームワークである。その基本型は，一産業の発展過程を分析し，新産業の典型的発展形態として，まず製品の外国からの輸入にはじまり，次にその製品を国産化（輸入代替）し，そして外国へ輸出するといった各段階を辿っていくパターンである。それを可能にするのは，産業の国際競争力の強化過程である。その次の段階では，この産業は他の国に追い上げられ，比較劣位に転じるとともに，生産要素が従来の産業から新しい産業に移動して新しい比較優位産業が形成される。この現象が繰り返され，経済が発展していくのである。このような産業構造の高度化プロセスは，雁行形態的発展の多様化型とも言

われる。そして，発展段階が異なる複数の国の多様化型が重なって，重層的キャッチアップを表すことができる。東アジアで見られたその現象は国際版雁行型発展ともいわれ，1980年代後半から注目されてきた[4]。

さて，後発国はどのような要因で先発国にキャッチアップできるだろうか。トラン（1992）は，そのキャッチアッププロセスを産業の国際競争力の強化過程として捉え，国内要因（産業政策，資本蓄積など）と外国資本や技術の役割を織り込む分析枠組みを提示し，合繊工業を事例にして東アジア各国の重層的キャッチアップ過程を分析した。この場合，重層的キャッチアップは1つの産業の比較優位が先進国（日本）から先発国（韓国など）へ，そして後発国（タイなど）に移動するという発展段階が異なる多くの国で展開したプロセスである。しかし，重層的キャッチアップは1つの産業だけでなく，むしろ要素集約度・労働熟練度が異なる多くの産業における各国間産業移植と各国内産業構造の高度化が活発に展開する現象である[5]。

さて，1国の雁行型工業化プロセスを4つの経済発展段階に関連付けて，中所得国の罠の可能性とはどのような状態であるかを考えてみよう。各発展段階の要素賦存状況からみて，BCとCD（それぞれ低位と高位中所得レベルへの発展段階）においては労働集約的産業が比較優位であるが，熟練度（skill）が異なり，前者では低熟練（low skill），後者では中熟練（medium skill）集約的産業が主流であると考える。そして高熟練（high skill）集約的産業は高所得国（DE）の比較優位である。これは労働の熟練度からみた要素集約度であるが，例えば高熟練の場合は資本集約的，研究開発（R&D）集約的，情報集約的産業などを含む。また，中熟練集約的産業の一部は資本集約的産業を含むことがあり得る。

このように考えると，持続的発展の条件は，比較優位産業が低熟練から中

---

[4] 雁行形態論の詳細な内容と関連文献はここでは省略する。例えばトラン（2010）pp. 233–234（雁行形態論の系譜）を参照。
[5] この重層的キャッチアップの現象を図示して東アジアの雁行型発展を論じる研究が多い。例えばKosai and Tran（1994），大野・櫻井1997第1章，末廣2000第2章。

熟練へ，さらに高熟練へと高度化しなければならない。後発国に追い上げられるため，高度化できなければ罠に陥る可能性が高くなる。

ある産業の雁行型発展はその国際競争力の強化過程でもあるので，その産業の国際競争力指数（i）の変化を考察して，持続的発展のケースと罠に陥るケースを指摘しよう。iは次の式で計算できる。

$$i = (X-M)/(X+M)$$

ただし，XとMはそれぞれ特定産業（商品）の輸出と輸入である。工業化の後発国の多くの場合，近代産業は輸入で国内市場が形成され，その後のプロセスは，輸入代替そして輸出の各段階を経過することである。これは，産業の雁行形態的発展にほかならない。このプロセスにおいて産業の国際競争力の変化を反映してiは−1（輸出が0で，輸入による産業導入期）から0（輸出と輸入がほぼ同様な水準で，輸入代替が完了する時期）を経て＋1（輸入が非常に少なくなり，輸出が拡大する段階）に向かって変化すると考えられる。図3は国際競争力指数（ICI）の変化，すなわち産業発展のプロセスを描いたものである（縦軸は国際競争力指数i，横軸は時間を表す）。

低位中所得国は国際競争力のある低熟練の産業1が比較優位産業であるが，より遅れた後発国に追い上げられる（ICIカーブが下降）ので，中熟練の産業2を新しい比較優位産業として出現しない場合，低位中所得の罠に陥る。また，D点まで発展した国は，産業2の成長が鈍化し，競争力が低下に転じた（そのICIが点線のように早くも下降した）が，産業3はまだ輸入代替の過程にある場合，高位中所得の罠に直面する可能性がある[6]。

---

[6] 図3は産業の雁行型発展の典型で，国際競争力の強化により輸入代替から輸出化へと進むパターンを示しているが，現実的には様々なバリエーションがあり得る。例えば輸入代替段階を経過せず，最初から輸出できるケースもある。特に経済特区・輸出加工区での産業発展はそうである。また，自動車，家電など機械工業のように部品間，工程間分業が一般的になっているので，産業をどのように特定するかによって発展段階の考察も異なるのである。しかし，これらの点はここでの文脈において本質的な問題ではなく，上述のようなバリエーションであるといえる。詳しくはトラン（2010）pp. 220–221を参照。

図3 比較優位構造の変化：要素集約度別産業の国際競争力指数

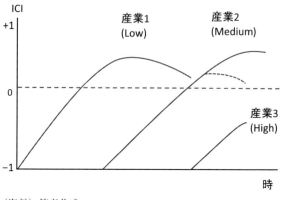

（資料）筆者作成

　なぜか。後発国に追い上げられながら輸出構造の高度化ができない国では，工業生産の停滞で経済成長が長期的に鈍化するのである。経済全体が停滞するケースもあるが，工業部門の縮小，生産性・付加価値の低いサービス産業へのシフトを通じて経済成長が大幅に低下するケースもある。後者の現象は，未熟な脱工業化（premature deindustrialization）といわれる（Palma 2005, Palma 2008）。普通，欧米先進国や日本のように，所得水準の上昇に伴う消費構造の変化，人材などの供給条件の充実化に伴う高度なサービス産業へのシフトは成熟な脱工業化現象であり，望ましい発展パターンである。しかし，所得水準がまだ低い段階に工業部門の国際競争力が弱くなった背景で，まだ成長のエンジンの役割を担える工業部門が縮小せざるを得なく，早期に第3次産業へのシフトを進めなければならない未熟な脱工業化は，成長鈍化をもたらすのである[7]。

---

[7] この点についてここでこれ以上詳細な議論ができない。日本国際経済学会第74回全国大会（専修大学，2015年11月）共通論題の筆者のフルペーパーを参照されたい。

4. 経済発展と制度要因：制度の罠と発展の罠

1990年代以降，経済発展の研究が制度（institution）や制度的変化・形成の役割を重視するようになった。ノース（North 1990）によれば，制度とは社会におけるゲームのルールであり，人間が作る諸制約であるが，このルールや制約が人々の取引，人間の相互行動を規定するものである。

経済発展にとって制度がなぜ重要であるか。第1に，経済発展は経済主体（企業，労働者など）の積極的行動によって実現されるが，制度の内容によって経済主体を刺激したり，その行動を制限したりするのである。第2に，明確な制度が確立すれば経済主体間あるいは企業と政府との取引費用（transaction cost）を節約することができる。第3に，投資をはじめとする経済活動は不確実性が高いものであるので，財産権，インセンティブなどの政策体系が確立することは，経済主体のリスク意識を低減させ，積極的投資を行わせるのである。

なお，制度はさまざまなレベルがあり，簡単な体系から複雑で精緻な（sophisticated）体系まで発展するのである。簡単な制度体系は，財産権や所有権を保護する法律，民間企業の生産経営活動の自由化を保証する制度などである。これに対してロドリック（Rodrik 2007）は，精緻な制度体系を高品質の制度（high quality institutions）といい，経済が高度に発展するため，また，グローバル化に効果的に対応するため，高品質の制度を整備しなければならないことを力説している。具体的には，新産業の技術開発を促進する制度，リスクの高い新分野への投資の促進・インセンティブの供与につながる制度，政策決定への国民各層（利害関係者，独立な言論人，有識者など）の参加促進制度などである。世界経済のショック的変化や不安定に効果的に対応するために，金融システムの健全化，金融制度の整備，監視，監査能力の向上が必要である。ガバナンスの確立，専門性の高い官僚養成も高品質の制度の要因である[8]。

---

[8] 経済発展と高品質の制度との関係について Rodrik（2007），Ch. 6，トラン（2010）第1章を参照。

さて，経済発展諸段階と制度との関係を考えよう。図1のB点から経済発展が起動できる国は，伝統社会に根ざした諸制度（文化・習慣，封建制など）の中で発展の阻害要因になったものを打破し，市場経済にとって必要な近代的制度（財産法，企業法，外資導入法など上記の簡単な制度体系）を整備している。制度的変革があったから発展が開始できたと考えられる。このような新しい制度が完成していく過程で，経済が中所得のレベル（D点）に発展できる（低位中所得のC点は後述）。

　D点以降の発展は，既述のように，高所得国の比較優位である高熟練労働・R&D集約的産業への高度化が必要であるので，技術進歩，イノベーションを促進する高品質の制度が重要になってくるのである。

　ところで，近年，経済発展と制度に関してAcemoglu and Robinson（2012）が話題を集めた。彼らは収奪的な政治制度（extractive institutions）が収奪的な経済制度をもたらし，そのような制度の下では経済が発展できないと主張している。収奪的制度が社会のある集団の利益のために残りの人々から収奪するような制度が設計されるからである。逆に議会制民主主義に代表される包括的な政治制度（inclusive institutions）は，自由で公正な市場経済に代表される包括的な経済制度につながり，経済発展が促進されるという。しかし，この議論は発展段階別の制度を考慮に入れない。発展の初期段階に必ずしも包括的政治制度でなくても低水準の包括的経済制度を整備できるし，低水準の制度でも投資を促進し，経済が発展する。例えば開発独裁は政治的独裁体制であるが，開発主義というイデオロギーの下で発展の目標に向けて資源が動員され，経済が発展する国が少なくない。ただ，その発展は中所得の段階までで，それ以降，高所得のレベルに発展するためには高度な包括的な政治・経済制度が必要になるのである。これは既述の高品質の制度にほかならない[9]。因みに，Dollar（2015）は法による規制（rule of law）と経済・言論

---

[9] Acemoglu and Robinson（2012）を批判したSachs（2012）は，技術の（外国から）導入・普及と自己の技術革新を区別すべきで，前者の場合は独裁的政治制度の下でも促進され，経済発展に成功すると主張している。この見解は示唆的である。確かに，↗

などの自由（civil liberties）との関係について，興味深い分析を示している。すなわち，所得水準が低い国々においてその関係は弱いが，一人当たり GNI の 8,000 ドル（購買力平価ベース）を超えた所得水準の高い国々においてその関係が強いのである。

　さて，以上の議論は主として高位中所得国のケースを考えたものである。低位中所得の場合，労働がまだ過剰な経済であるし，資本投入型成長の余地がまだあるので，技術革新に必要な高品質の制度がまだ重要でない。しかし，労働・資本市場の健全な発展が必要である。そうでなければ資源配分の歪みが生じ，労働需給のミスマッチ，資本使用の非効率をもたらすのである。特に汚職などで特定の企業や利益団体に資本・外貨へのアクセスを優先的に与えることは，無駄な投資をもたらす。このような資源配分の歪みが長期的に続けば，低位中所得の罠を避けられない。許認可行政が複雑で，行政コストが高いことなど，投資環境の長期的悪化も投資率の低迷をもたらし，低位中所得の罠に陥る可能性がある。

　要するに，高位中所得国の場合，技術進歩，イノベーションが罠を回避する条件であるが，低位の場合，罠に陥らないために資源配分の歪みを生み出さないことに注意しなければならないのである。

第 3 節　アジア新興国と罠 [10]

　第 1 節で述べたように，現段階の東・南アジアではマレーシア，タイと中国は高位中所得国，インドネシア，フィリピン，ベトナム，ラオス，インド，パキスタン，スリランカ，バングラデシュは低位中所得国である。ここではラオスを除く ASEAN5 か国と中国に焦点を合わせ，第 2 節の分析枠組みに基づいて高位中所得 3 カ国と低位中所得 3 か国を詳細に考察してみたい。た

↗ 70 年代までの韓国・台湾や 80 年代以降の中国などのケースはそうである。技術革新が必要な段階に高品質の制度が重要になってくるのである。

[10] 紙数の制約でこの節は簡潔にまとめたい。詳しくはトラン（2016a），トラン（2016b），トラン・苅込（2015）を参照。

だし，その分析枠組みが提示した仮説を高位と低位中所得の各国について実証するために膨大なデータ・資料を収集・分析しなければならないが，ここでは技術進歩の促進に関連する指標，制度の変化，比較優位構造の変化を中心に考察を行うことにしたい。

1. 高位中所得国：マレーシア，タイと中国

現在，第1節で示したように，この3か国とも労働過剰な経済から不足経済への転換点を迎えたか，迎えつつある。

転換点を通過した高位中所得国の場合，労働力の質・教育の質の向上や科学技術の振興などにより，産業構造・比較優位構造を一層高度化しなければならないが，中国，マレーシアとタイをどう評価すれば良いか。1つの方法は，既に高位中所得国の罠を回避し，高所得レベルへの発展に成功した韓国の経験と比較することである。韓国が1995年に一人当たりGNIが1万1,650ドル（当時の名目値で高所得の基準を超えた）水準に達し，OECDにも加入し，高所得国へ仲間入りした。高位中所得の罠を回避するために，その約10年前に条件整備をしておかなければならなかったと考えられる。このため，1980年代末の韓国と現在のアジアの高位中所得3か国を比較して，後者の問題点を見出すことができる。

科学技術振興の1つの指標である研究開発（R&D）支出の対GDP比率をみると，韓国は80年代の初めに既に1％を超え，90年頃には2％に達した。R&D活動は70年代まで政府が中心であったが，80年代から民間企業が主導になり，中小企業もR&Dを重視した。他方，2011年の中国のR&D比率は2％に近かったが，同年のマレーシアは1.07％，2009年のタイは0.25％と小さかった。現在の中国は80年代末の韓国の水準であるが，マレーシアもタイも80年代の韓国に及ばなかった。

R&D活動の結果として特許の登録状況も参考になるが，アメリカ特許・商標事務所（US Patent and Trademark Office）に登録した特許件数では，2014年にマレーシアは259件，タイは75件だけで，1980年代に年間8,000件に

上った韓国とは比べ物にならない。他方，中国は同年に7,236件で，人口・経済規模を考慮に入れれば80年代の韓国よりかなり少ない。

　R&D活動の成果を商業化するために，また外国から導入する技術より高度な技術を商業化するために，人的資源の質を向上させなければならないし，企業にとって必要な人材を供給しなければならない。この点について，80年代から90年代にかけての韓国と比べると，現在のマレーシアやタイではそのような人的資源が乏しい。例えば大学卒に占めるエンジニアや製造管理専門家のシェアとして，90年代の韓国は35％であったが，2008年のマレーシアは25％，2009年のタイは9％に過ぎなかった。

　次に中国，マレーシアとタイの工業化と国際競争力の推移をみよう。

　第2節で論じた工業の雁行型発展の分析枠組みに沿って，中国の国際競争力の変化をみてみよう。トラン・苅込（2016）は，工業品を3つのレベル（low, medium, high skill集約的産業）に分けて，それぞれの中国などのアジア諸国の国際競争力指数の推移を分析したものである。この分析によると，中国は低熟練労働集約的産業が急速に比較劣位化してきた代わりに，中熟練（medium skill）集約的産業の国際競争力が強化してきた。High skill集約的産業の位置も改善しつつある。

　因みに，現在世界の貿易の主流でグローバルチェーンの主役を占める機械各種（一般機械，電機，家電，精密機器，輸送機械）の世界輸出に占める中国のシェアが急速に上昇してきている（トラン・苅込2016）。2013年までのトレンドでは，シェアが低下する気配が見られない。これから賃金の上昇などでそのシェアが鈍化するかもしれないが，中期的には大きく低下する可能性が少ないと考えられる。後述のように，ASEAN先発国のシェアが急速に伸びる可能性が弱いし，シェアが上昇しているベトナムなどの後発国の規模は比較的に小さいからである。この点を上述のR&D指標と合わせて考えると，中国は今後中期的には発展していくであろう。最近，新常態の経済への転換方針，証券・金融市場の不安定を背景に中国経済への悲観的な見方も出てきたが，5％の安定成長が当面持続する可能性がある。因みに，表2が示

したように，中国は高位中所得国になってからまだ5年しか経過していない。

では，中国は長期的には高位中所得の罠を回避し，高所得レベルへの発展ができるだろうか。

ここで政治制度と経済発展との関係を考えなければならない。実際に開発独裁・北京コンセンサスはこれまでの発展にとって有効であったが，今後民主化ではなく，一党独裁体制の下でも高所得になれるかどうか議論が分かれている。しかし，現在のところ，中国以外の学者は概ね否定的見解が少なくない。例えば，Acemoglu and Robinson（2012）は，中国の高成長を「収奪的な政治制度」の下での成長であり，こうした体制が維持される限り「包括的な経済制度」が確立されず，持続可能ではないと論じている。また，図4によれば，民主化の度合いは，中所得段階から高所得段階において明確な正の相関が確認できる。すなわち，高所得段階にある国では民主的な政治制度，経済制度が実現される傾向が強く，収奪的な政治制度の下で高所得段階にあるのは産油国など一部の特殊なケースに限られる。

中国は現在，高所得段階に進む上で必要なイノベーション力の強化に努めており，その成果は特許申請数などの形で現出している。また，輸出構造の着実な高度化も確認され，高所得段階に進むための要件が整いつつあるように思われる。しかし，制度の質が経済発展を左右する重要な鍵とするならば，共産党一党独裁という政治制度の下で高品質の経済制度が確立され，中所得の罠を回避できるのか，現時点では明確に結論が出せない。もし，中国が現在の政治制度が維持し，先進・高所得国への発展に成功するならば，人類史上初めての出来事になる。その可能性について現段階，説得力の肯定的見解はみられない。中国政治・経済を研究する加藤（2013）などはやはり否定的見解を示している。

ところで，2030年の中国経済を展望する世界銀行と中国の国務院開発研究センターの共同研究報告書（World Bank and PRC 2013）は近代的で調和がとれた高所得社会を構築するために，今後，企業，土地，労働，金融セクターの改革を通じて市場経済への移行を完了する必要があり，そのため民間セク

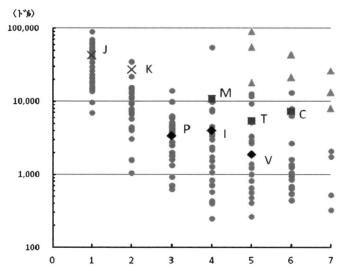

図4 民主化の度合いと所得の関係

(注) 1. フリーダムハウスの民主主義指標は、政治的権利と国民の自由度の度合いに関する総合評価したもの。7段階で格付けされ、1が最も民主的、7が民主的でない。縦軸は一人当たりGNI（ドル）を対数表示したもの。
2. ▲は産油国。J, K, P, M, I, T, V, Cはそれぞれ日本、韓国、フィリピン、マレーシア、インドネシア、タイ、ベトナム、中国。

(資料) Freedom House（2015）

ターの強化、市場開放によるさらなる競争とイノベーション、機会の平等による経済成長のための新たな構造改革の実現が必要であると力説している。ただ、同報告書は中国の政治体制が変化する必要があるかどうか言及していない。

さて、マレーシアとタイはどうか。2000年頃から両国ともそれまで上昇してきた工業化率が低下してきている（トラン2016a）。特にマレーシアはそうである。GDPの工業化率の低下は経済が第3次産業へ移行したためであると理解できるが、輸出における工業品の比率が低下したのは、天然資源の輸出が（価格上昇などで）増加したためか、工業品自体の競争力が低下し

たためかである。

　その点を確認するために，マレーシアとタイの比較優位構造の変化を考察しなければならない。トラン（2016a）とトラン・苅込（2015）によればマレーシアにおいて労働の low と medium 熟練集約的工業の競争力が急速に低下してきたが，high skill 熟練集約的工業の競争力の改善速度が遅い。特にグローバルバリューチェーンを形成している機械各種の世界貿易（輸出）に占めるマレーシアのシェアが2000年以降急速に低下してきている。これらの点は輸出の工業化率の低下の要因になったと考えられる。現在，マレーシアが高位中所得の罠に陥られたかどうか判明できないが，高位中所得国になってから13年も経過した（表2）ので[11]，国際競争力の構造変化と上述したR&D活動と人材養成状況とを合わせて考えると，high skill 集約型産業の育成など，抜本的対応がなければ罠に嵌められる可能性が高いと言えよう。

　タイについては，low skill 集約的産業がアジア通貨危機の頃から急速に比較劣位化し，大幅な入超を記録している。一方，medium skill 集約的産業の国際競争力も低下傾向にある。また，2005年頃まで急速に強化してきた high skill 集約型産業の競争力は2005年頃からやや停滞している。しかし，マレーシアと違って，機械各種の工業品輸出や化学品輸出の世界でのシェアが上昇する傾向を見せているし，GDP に占める工業のシェアも輸出の工業化率も高水準に維持されているので，本格的に脱工業化が生じるのはかなり先のことであるかもしれない。ただ，長期的には輸入代替が完了した high skill 集約的工業の国際競争力が急速に高まっていくために，現在かなり脆弱なR&D活動を一層強化しなければならないし，Warr（2011）が強調しているように，教育の質も改善しなければならない。

2. 低位中所得国：インドネシア，フィリピンとベトナム

　第2節で論じられたように，低位中所得国は過剰な労働がまだ存在し，資

---

[11] 上述の Felipe（2012）の考察結果の14年間を考えると，マレーシアのケースが懸念される。

本投入型成長の余地が大きいので，要素市場に歪みが少なく，資本・労働が効率的に配分されることが重要である。

要素市場を左右する可能性が高いガバナンス（政策の透明性，行政サービスの効率性，投資環境，レントシーキングなど）の諸指標（World Bank 2012, 2013; World Economic Forum 2013, ADB and ADBI 2014 など）をみると，インドネシア，フィリピンとベトナムの3か国とも概ね順位が低く，制度的要因が弱い。例えば，ADB and ADBI 2014の基礎データをみると，説明責任，政治安定性，政府の効率性についてのガバナンス指数と法的環境指数がマイナス2.5からプラス2.5までの範囲にあるが，3か国ともマイナスの方に位置づけられている。ビジネス環境について世界銀行の2015年版 *Doing Business Index* によると，調査された189カ国中，インドネシアは114位，フィリピンは95位，ベトナムは78位という下位にランクされている。

要素市場の問題のほか，政府サービスの質，許認可行政のありかたも企業の投資，資源配分に影響を与える。国際透明性事務局（Transparency International Secretariat）が毎年発表する汚職認識指数（Corruption Perception Index）をみると，「透明性ランキング」ではベトナムは依然として下位に位置づけられている。例えば2014年の透明性ランキングでは，ベトナムは調査174か国中，119位である。インドネシアは107位，フィリピンは85位であった。

インドネシアの工業の国際競争力指数の推移をみると，low, medium と high のすべてのレベルとも競争力が低下してきたことが印象的である。このため，インドネシアの工業化率は生産の面も輸出の面も2000年頃から激減したのである。特に，60％まで上昇した輸出の工業化率は近年30％台まで低下した。機械5業種の世界輸出に占めるインドネシアのシェアが低い上，低下傾向を見せている（トラン・苅込2015）。世界の工場になった中国の急速な台頭は資源が豊富なインドネシアに「資源の呪い」のインパクトを与えるという見方もでてきた（例えばCoxhead 2007）。インドネシアの対中国輸出の構造変化を見れば分かるように，工業品のシェアが急速に低下してきたのに対して，一次産品の割合が高まってきたのである。

フィリピンの場合，low skill 集約的工業の競争力が急速に低下してきたが，medium と high skill 型工業の競争力が改善しつつある。このため，生産の工業化率が低下したが，輸出における工業品のシェアが上昇し続けている。しかし，鈴木（2013）が指摘しているように，技術集約的輸出の割合が高いが，付加価値が低い工程が中心になり，工業発展の深化への寄与度が低い。

表2が示しているように，フィリピンは低位中所得になって既に28年も経過したので，ある意味で低位レベルの罠に陥ったと言える。その要因は，やはり我々の仮説（第2節）が示したように，制度的欠陥による資源配分の歪みである。この点について上述されたインドネシアとベトナムに共通のガバナンスの質，政策環境の不安定，レントシーキングに関連する制度的問題が存在している。フィリピンのケースは40–50年前から特に深刻で，それが原因で経済が停滞していたことを Aldaba（2002）や Pritchett（2003）が説得的に分析しているし，筆者（Tran 2013）も最近の制度的指標を使って論じている。また，マキト・中西（2016）は，産業政策などの経済発展戦略が利益団体のロビー活動のためにほとんど実現できなかったことを強調している。

さて，最後にベトナムのケースを考えてみよう（詳しくはトラン 2016b）。ベトナムにおいて労働の low 熟練集約的工業の競争力が維持される一方，medium と high skill 熟練集約的工業の競争力が改善しつつある。特に前者は貿易収支が黒字に転換しようとしている。工業品の国際競争力が全般的に改善してきたのは外国直接投資が増加した結果である。因みに，近年，外資系企業がベトナムの工業生産の半分，輸出総額の約7割も占めている。

ベトナムは制度要因による資源配分の歪みにより経済発展が非効率であるという問題を，多くの研究が指摘している（例えば Tran 2013, Riedel and Pham 2014 など）。ここで要素市場の問題についてトラン（2016b）を参考しつつ，もう少し具体的に述べてみよう。

ベトナムは市場経済への移行から4半世紀以上が経過したが，要素市場の発展が依然として遅れている。特に資本市場と土地市場はそうである。資本市場は法律などの制定により名目上段階的に整備されてきたが，運用の面は

恣意的で国有企業や企業集団にとって有利に働いている。ドイモイの過程で資本市場が発達してきているが，4大国有商業銀行は，全国の信用残高のシェアを低下させてきたものの，実質的に市場の支配力が依然として強い。民間銀行などと比べて，国有商業銀行が国家（中央）銀行から資金供給において優遇されている。その4大銀行の融資先はほとんど国有企業であるので，結果として国有企業が資本市場において有利な立場にある。民間企業，特に中小企業は信用へのアクセスが依然として難しい。

ベトナムの土地市場についても工業・建設用土地へのアクセスは資本と同様，民間企業が困難な状況に直面し，国有企業・企業集団が優遇されている。国有企業が生産・経営用地全体の70％も占めている（Dinh va Pham eds. 2015）。また，公共投資などの開発計画に絡む情報の非対称性が強いので，汚職が発生しやすい。

このように見てくると，ベトナムは現在，FDI依存型工業化が進展し，それによる国際競争力が強化されているが，外国部門と国内部門との連携が弱いので，持続的に発展していくためには国内部門の強化と外国部門とのリンケージの促進を図らなければならない。国有企業の改革と民間企業発展の促進にとって，要素市場の改善が不可欠である。ベトナムが低位中所得国になってからまだ6年しか経過していないので，要素市場の歪みやガバナンスを改善するための制度改革を着実に進めていけば，ベトナムは低位中所得国の罠を回避し，高位中所得国へ発展できる。逆に制度改革が長期的に実行されなければ，まだ先のことであるが，そのような罠に陥る可能性があるだろう。

さて，ASEAN新興国の多くは，生産と輸出に対する工業部門のシェアが低下したことは既に述べた。2005年基準のPPPベースで日本は所得水準が3万3,000ドルになった時点に本格的に脱工業化した。これは正の脱工業化である。韓国は既に3万ドルに達したが，まだ脱工業化していない。これに対して，マレーシアは1万ドル，インドネシアは3,000ドル未満の段階で既に工業部門のシェアが低下し始めている。もしこの傾向が今後も続くならば，明らかに負の脱工業化であり，それを回避しなければ，言い換えれば再工業

化（reindustrialization）を図らなければ罠に陥る可能性が高い（注7を参照）。

終わりに：まとめと残された課題

　過去約4半世紀に東・南アジア地域は，世界平均を大きく上回った経済成長を実現し，多くの新興国・中所得国を台頭させた。これからは中所得国の罠に陥らず，低位中所得国が高位中所得国への発展のために，制度の改善，要素市場の発展に努力し，資源配分の歪みを改善しなければならない。一方，高位中所得国は労働不足，要素投入型成長の限界に直面しているので，高所得へ持続的に発展していくためには，技術進歩，イノベーションを促進しなければならない。これらの努力により，工業の比較優位構造の高度化を図り，多くの国で兆候が強まっている未熟な脱工業化にストップをかけ，再工業化を進めなければならない。

　さて，中所得国の罠という視点からアジア新興国を分析することに関して，本稿が検討できなかったいくつかの重要な論点が残っている。

　第1に，日本や韓国の発展経験と違って，中国，タイやベトナムなどの現段階の中所得国は外資への依存度が高い。いわゆるFDI主導型成長で新興国として台頭した国が多い。この成長パターンが持続的だろうか。Ohno (2009), 大野（2013）などは疑問を提示しているが，説得的分析はまだ十分ではない。例えば，導入されるFDIの質を高度化し，経済全体の構造・比較優位構造を高度化していけば国際競争力を維持し，成長が持続し，罠を回避できると考えられないことはない。この点は理論・実証の分析に値するものである。

　第2に，第1の点にも関連する問題であるが，アジア新興国はキャッチアップ型工業化により発展してきたが，そのキャッチアップはどの発展段階に完了するだろうか。本稿の文脈で言い直すと，高位中所得から高所得への発展のために技術進歩・イノベーションの役割が重要になったと論じたが，外国技術への依存をやめて（あるいは導入すべき外国技術がなくなり），独自の技術を開発しなければならないことを意味するだろうか。高位中所得から高

所得レベルへの発展に成功した1960年代の日本や1990年代の韓国は，その時点から外国技術の導入をやめたわけではない。FDIと同様，外国技術に依存しながら技術進歩・イノベーションを促進し，要素投入型成長から全要素生産性への転換を図り，高所得国への発展ができるだろうか。

第3に，これからのアジア新興国はFTA，TPP，ASEAN経済共同体（AEC）などの地域協力や自由貿易の潮流の枠組で発展していくが，このような枠組みは各国の制度の改善を促進するので，競争促進，資源配分の改善などが期待できる。本稿の分析枠組のキーワードの1つは制度要因である。TPPやAECは地域的外部経済（regional externalities）をもたらし，中所得国の罠の回避にどれほど貢献できるか，吟味すべき課題である。

第4に，中所得国の罠の可能性に影響を与えそうな所得分配も分析しなければならない。クズネッツ逆U字型仮説の示唆で高位中所得まで所得分配が不平等であるが，その後は平等化する。平等化への転換は中所得国の罠を回避する条件であろうか。所得分配の改善なしで高所得国への発展ができるだろうか。それとも社会・政治不安で投資環境が長期的に悪化し，経済が停滞し，罠に嵌められるだろうか。

上記の4点は本稿が残した課題である。

付記：本稿の作成過程に早稲田大学助手の苅込俊二君との議論が有益で，また図表作成にも協力をいただいた。謝意を表したい。

引用文献

Acemoglu, D. and J. Robinson (2012), *Why Nations Fail: The Origins of Power, Prosperity and Poverty*, New York: Crown.
ADB (2011), *Asia 2050: Realizing the Asian Century*, Manila: Asian Development Bank.
ADB and ADBI (2014), *ASEAN 30: Toward a Borderless Economic Community*, Asian Development Bank (ADB) and ADB Insititute.
Aldaba, T.F. (2002), "Philippines Development: A Research Journey through the *Philippines Journal of Development*," *Philippine Journal of Development*, Vol. XXIX, No. 2.
Chen, Edward K.Y. (1997), "The Total Factor Productivity Debate: Determinants of Economic

Growth in East Asia", *Asian-Pacific Economic Literature*, Vol. 11 No. 1, pp. 18–38.

Coxhead, I. (2007), "A New Resource Curse? Impacts of China's Boom on Comparative Advantage and Resource Dependence in Southeast Asia", *World Development* 35(7): 1,099–1,119.

Dinh Tuan Minh va Pham The Anh eds. (2015), *Bao cao phat trien nen kinh te thi truong Viet Nam 2014*（ベトナム市場経済の発展報告 2014 年）, Hanoi: Nha xuat ban Tri thuc.

Dollar, D. (2015), "Institutional Quality and Growth Traps", Paper for the PAFTAD37 Conference, Institute of Southeast Asian Studies, Singapore.

Gill, I. and H. Kharas (2007), *An East Asian Renaissance: Ideas for Economic Growth*, Washington, DC: The World Bank.

Gill, I. and H. Kharas (2015), "The Middle Income Trap Turns Ten," paper presented to the PAFTAD Conference, Singapore.

Hill, Yean and Zin (2012), Malaysia: A Success Story Stuck in the Middle? *The World Economy*, 1687–1711.

Kosai Y. and V.T. Tran (1994), "Japan and Industrialization in Asia: An Essay in Memory of Dr. Saburo Okita", *Journal of Asian Economics*, Vol. 5 No. 2, pp. 155–176.

Krugman, P. (1994), The Myth of Asia's Miracle, *Foreign Affairs*, Vol. 73, No. 6 (November/December), pp. 62–78.

North, Douglas C. (1990), *Institutions, Institutional Change and Economic Performance*, New York: Cambridge University Press.（竹下公視訳『制度・制度変化・経済成果』晃洋書房，1996 年）

Ohno, K. (2009), The Middle Income Trap: Implications for Industrialization Strategies in East Asia and Africa, Tokyo: GRIPS Development Forum.

Palma, J.G. (2005), Four Sources of "De-Industrialization" and a New Concept of the "Dutch Disease" Chapter 3 in Ocampo., J.A. ed., *Beyond Reforms: Structural Dynamics and Macroeconomic Vulnerability*. Stanford University Press and World Bank.

Palma, J.G. (2008), "De-industrialization, 'premature' de-industrialization and the Dutch Disease" in Durlauf S.N. and Lawrence. E.B. ed., *The New Palgrave Dictionary of Economics*, Second Edition.

Perkins, Dwight H. (2013), *East Asia Development: Foundations and Strategies*, Harvard University Press.

Prichett, L. (2003), "A Toy Collection, a Socialist Star, and a Democratic Dud?" In Rodrik ed. *Growth Theory, Vietnam, and the Phillippines*.

Riedel, J. and Thi Thu Tra Pham (2014), "Vietnam: trapped on the trail of the tigers?" Ch. 10 in *Trade, Development, and Political Economy in East Asia*, ed. by Athukorala, Patunru and Resosudarmo, Institute of Southeast Asian Studies.

Rodrik, D. (2007), *One Economics Many Recipes*, Princeton University Press.

Rowthorn, R.E. and J.R. Wells (1987), *Deindustrialization and Foreign Trade*, Cambridge: Cambridge University Press.

Sachs, J. (2012), "Government, Geography, and Growth: The True Drivers of Economic Development", *Foreign Affairs*, Vol. 91, No. 5, September/October 2012, pp. 142–150.

Tran Van Tho (2013a), "Vietnamese Economy at the Crossroads: New Doi Moi for Sustained Growth", *Asian Economic Policy Review* (2013) 8, pp. 122–143.

Tran Van Tho (2013b), "The Middle-Income Trap: Issues for Members of the Association of Southeast Asian Nations", *ADBI Working Paper* No. 421 (May).

United Nations (UN, 2012), *World Population Prospects 2012*, The United Nations.

Warr, P. (2011), "Where is Thailand headed?" *East Asia Forum*, 19th December.

World Bank (1993), *The East Asian Miracle: Economic Growth and Public Policies*, New York: Oxford University Press.

World Bank (2013a), *Worldwide Governance Indicators*, World Bank.

World Bank (2013b), *Doing Business Survey*, World Bank.

World Bank and PRC (2012), *China 2030: Building a Modern, Harmonious, and Creative High-Income Society*, The World Bank and Development Research Center of the State Council, the People's Republic of China.

World Economic Forum (2014), *Global Competitiveness Report*, Geneva: World Economic Forum.

大野健一・桜井宏二郎（1997），『東アジアの開発経済学』有斐閣アルマ．

大野健一（2013），『産業政策のつくり方—アジアのベストプラクティスに学ぶ』有斐閣．

大野健一（2014），「アジアと中所得の罠」『日本経済新聞』8月26日．

加藤弘之（2013），「包括的制度，収奪的制度と経済発展—アセモグルとロビンソンの『国家はなぜ衰退するのか』を読む—」『経済経営研究』63号．

末廣昭（2000），『キャッチアップ型工業論：アジア経済の軌跡と展望』名古屋大学出版会．

末廣昭（2014），『新興アジア経済論』岩波書店．

鈴木有理佳（2013），『フィリピン，高成長の持続が課題』日経センターアジア研究報告書．

トラン・ヴァン・トウ（1992），『産業発展と多国籍企業：アジア太平洋ダイナミズムの実証研究』東洋経済新報社．

トラン・ヴァン・トウ（2010），『ベトナム経済発展論』勁草書房．

トラン・ヴァン・トウ，苅込俊二（2015），「アジアの雁行型発展と貿易構造の変化」『季報国際貿易と投資』2015年冬号．

トラン・ヴァン・トウ（2016a），「アジアダイナミズムの中のASEAN経済」トラン編著（2016）序章．

トラン・ヴァン・トウ（2016b），「ベトナム経済：高位中所得国への発展の課題」トラン編著（2016）第6章．

トラン・ヴァン・トウ編著（2016），『ASEAN経済新時代と日本』文眞堂．

速水佑次郎（2000），『開発経済学』（新版），創文社．

原洋之介（2015），『「開発の罠」をどう捉えるか—アジア・ダイナミズム再考』（研究報

告）政策研究大学院大学原研究室.
マキト F.・中西徹（2015），「フィリピン経済：共有型成長を求めて」トラン編著（2016），第 5 章.
松本邦愛（2015），「タイの二重経済構造と近隣諸国からの労働流入」トラン他編著『東アジア経済と労働移動』」文眞堂，第 1 章.
南亮進（1970），『経済発展の転換点—日本の経験—』創文社.
南亮進・牧野文夫・郝仁平編著（2013），『中国経済の転換点』東洋経済新報社.

Summary

Emerging Economies and the Middle Income Trap in Asian Perspective

Tran Van Tho (Waseda University)

The originality of this paper is to build a theoretical framework of long term development process of an economy which identifies the characteristics of both low and high middle income economies, and indicates the problems of Asian countries in those two groups. For low middle income countries, there is room for input-driven growth so that the improvement of factor markets and thus the resource allocation is essential. For higher middle income countries, emphasis on the total factor productivity and quality of human resources is more important. The analysis also incorporates the long term changes in the comparative advantage of an economy and indicates the conditions for a country to escape the middle income trap.

◇コメント◇

立教大学経済学部 　郭　　洋春

1. トラン・ヴァン・トウ報告の特徴

　トラン・ヴァン・トウ報告の目的は，今までの「中所得国の罠」研究の中で欠けていた点，すなわち「中所得国」の範疇をあまりにも大きくとらえていた点，すなわち，中所得国の中にも低位中所得国と高位中所得国が混在している点に注目し，それを分類することでより詳細に中所得国の罠の実態に迫ろうとしたことである。

　具体的には，第一に前述したように「中所得国」を「低位中所得国」と「高位中所得国」に分類することで，発展段階論的特徴を明らかにしようとした点にある。これにより，多くの中所得国をさらに分類して，分析することができるようになった。

　第二に，「中所得国の罠」に陥っているアジア新興国の持続的発展の条件を抽出したことである。具体的には経済発展と制度要因の関係から分析・抽出した。これは，開発途上国が持続的発展を志向する際に必要な条件とは，単に経済政策の有無，成否だけではなく，それを支える制度がいかに存在し，整っているのかが重要であるということだ，

　第三に，中所得国の発展段階に応じて要素投入型成長と全要素生産性の意義が異なるということを明らかにした。

　第四に，今回の共通テーマである「世界経済」とのかかわりを，国際分業の視点から比較優位構造の高度化が中所得国の罠を回避する条件であることを提起した。

　結論としては，第一に，「アジア新興国は今後中所得国の罠に陥らず，低位中所得国が高位中所得国への発展のために，制度の改善，要素市場の発展に努力し，資源配分の歪みを改善する必要」であること。

　第二に，「高位中所得国は労働不足，要素投入型成長の限界に直面してい

るので，高所得国へ持続的に発展していくためには，R&D 努力，イノベーションを促進しなければならない。」ということ。

　第三に，「低位中所得国も高位中所得国も自らの努力により，工業の比較優位構造の高度化を図り，多くの国で兆候が強まっている未熟な脱工業化にストップをかけ，再工業化を進めなければならない。」としている。

2. トラン・ヴァン・トウ報告へのコメント

　第一に，「中所得」状態と安定成長の違いは何か。例えば，中国が二桁の経済成長から一桁成長に陥ったことをもって「中所得国の罠」に陥ったかどうかを検討・分析している。

　しかし，6～7％成長でも十分に高い成長率であり，景気停滞として議論してよいのか。それを安定成長期に入ったとみることはできないのか（日本も1960年代の高度経済成長から1970年代の2～3％成長へ低下した時，安定成長に入ったと認識したことがある）。

　従って，一貫して高い経済成長を維持し続けることが可能なのか。言い換えれば，トラン・ヴァン・トウ報告では，「中所得」状態と安定成長の違いをどのように認識しているのか。この点への言及がほしかった。

　第二に，韓国，台湾，香港，シンガポールでは「中所得国の罠」に陥ることなく高所得国に移行したのか，そうであるならばなぜこれらの国・地域はそれを避けることができたのか，その要因・背景は何かについての言及があれば，「中所得国の罠」研究をさらに掘り下げることができるのではないか。

　第三に，中所得国は必ず「低位中所得国」と「高位中所得国」の段階を経験するのかということだ。これはトラン・ヴァン・トウ報告の長所でもあり，検討すべき課題にもなりうる点と考える。前述した，韓国，台湾，香港，シンガポールでは「中所得国の罠」に陥ることなく高所得国に移行した国々の例からも明らかなように，低位の中所得国であっても，「後発性利益」，「ビッグ・プッシュ」などを利用して一気に高位の中所得国に駆け上がる可能性はないのかということだ。

第四に，政治制度と経済制度との関係をどう理解しているのか。トラン・ヴァン・トウ報告では，政治制度と経済制度をそれぞれ独立変数として説明しているが，経済状況を無視した政治制度がありえないように，政治状況を度外視した経済制度は成り立たない。従って，この両者に対するより詳細な分析を期待したい。

　第五に，トラン・ヴァン・トウ報告の中心的主張の一つでもある，要素投入型成長と全要素生産性のそれぞれからの分析が必要であるという主張であるが，トラン・ヴァン・トウ氏自身も認めているように，両者の違いを明確にするのが難しい場合，それを発展の条件にすることの妥当性があるのかという疑問がつきまとう。この点に対する氏の詳細なコメントがなかったのが残念である。

　以上がトラン・ヴァン・トウ報告へのコメントであるが，これらのコメントを斟酌したとしても，トラン・ヴァン・トウ報告が既存の「中所得国の罠」研究に一石を投じた意義は極めて高いものと評価できるであろう。それゆえに共通論題に相応しい報告であったと感じた。

投稿論文

自由貿易協定における厚生改善的な原産地規則の分析：域内最終財生産企業による買い手独占のケース*

帝京大学　溝口　佳宏[†]

要旨

　本稿では，自由貿易協定での原産地規則が経済厚生にもたらす効果と最適な原産地規則の水準を分析する。域内国産の中間財が域内国の最終財生産企業による買い手独占である状況では，原産地規則の水準の限界的な引き上げが，域内国の最終財生産企業の買い手独占力を引き下げ，域内国の経済厚生を高めることを示す。このケースでは域外国の経済厚生は低下せず，世界全体の経済厚生を低めない自由貿易地域の結成が可能であることも示す。

キーワード：自由貿易地域，原産地規則，経済厚生，買い手独占
JEL Code: F13, F15

1. はじめに

　本稿では，自由貿易協定において設定される原産地規則がもたらす効果と最適な原産地規則の水準について分析する。関税同盟と異なり，自由貿易協

---

* 本稿の作成に当たっては，神事直人，東田啓作，黒田知宏，市田敏啓，新井泰弘，服部圭介，椋寛，田中健太の各先生から非常に有益なコメントをいただいた。さらに，レフェリーからいただいたコメントによって，論文をよりコンパクトに記すことができた。記して感謝する。なお，本文中の誤りについてはすべて筆者の責任である。

[†] 帝京大学経済学部地域経済学科（E-mail address: ymizogu@gmail.com）

定では，それぞれの域内国は独自に域外関税を設定できる。そのため，域外国企業による迂回輸出を防ぎつつ，Richardson（1995a）が指摘しているような域内国同士での関税引き下げ競争を防ぐために，原産地規則が設定される。そのため，原産地規則が「隠された保護主義」の手段として用いられる可能性もしばしば指摘されている[1]。

　最終財生産者にとって，原産地規則を満たすための手段の1つは，域内国で生産されている中間財を用いることである。そのため，先行研究では原産地規則の存在が中間財市場にもたらす効果について分析が行われている。この方向の主な先行研究としてKrishna and Krueger（1995），Ju and Krishna（2005），Takauchi（2013）があるが，これらの先行研究では，原産地規則の「隠された保護主義」としての機能に加えて，企業の戦略的な行動について分析が行われてきた。また，原産地規則の存在が最終財市場にもたらす効果についての分析も行われてきており，Ishikawa, Mukunoki, and Mizoguchi（2007）では，原産地規則の存在が域内国の経済厚生にもたらす効果について，域内の最終財市場における価格差別の重要性などを示している。それに対して本稿は，自由貿易協定を結成している域内国政府による原産地規則の水準の限界的な引き上げが，域内国の経済厚生の引き上げにつながるとともに，域外国の経済厚生には影響を与えないことを示す。この効果は，迂回輸出を防ぐという原産地規則のもつ本来の効果とも異なる効果である。また，先行研究が取り上げている「隠された保護手段」という効果とも異なる。

　上記の先行研究とは別に，自由貿易地域や関税同盟の結成が域内国や世界全体の経済厚生にもたらす効果についての分析としては，Ohyama（1972），Kemp and Wan（1976），Richardson（1995b），Kemp and Shimomura（2001），Panagariya and Krishna（2002），Iwasa, Riezman, and Shimomura（2008），Endoh, Hamada, and Shimomura（2013）などがある。これらの先行研究は域外国の経済厚生を低めないで域内国の経済厚生を高めるような関税同盟や自由貿易協定の結成の方法について議論しているが，これらの先行研究では原

---

[1] 代表的な先行研究としてKrishna and Krueger（1995）がある。

産地規則の存在を考慮していない。

　本稿では，域内国で生産される中間財については域内国の最終財生産企業による買い手独占の状況を仮定している。買い手独占の状況を仮定したうえで原産地規則の効果を分析している先行研究は，筆者の知る限り存在しない。その上で，本稿の分析に関連する先行研究としては，中間財が買い手独占である状況において，現地調達率規制が経済厚生にもたらす効果について分析したRichardson（1991）やKuroda（2004）の研究がある。Richardson（1991）は，自国と外国の最終財生産企業による買い手複占の状況での現地調達率規制について分析している。そして，自国での現地調達率規制が，自国の最終財生産企業の利潤を外国の最終財生産企業と自国の中間財産業に移すことを通じて，経済厚生を引き上げる可能性があるのを示している。また，Kuroda（2004）は，中間財に対する限界支出に非連続性がある場合に，現地調達率規制は規制が課されている国で生産される中間財への需要に対する効果を持たず，国内の最終財生産者に負の効果をもたらすケースがあることを示している。これらに対して本稿は原産地規則を分析の対象としており，最終財生産企業が原産地規則を満たさないことで生じるデメリットは域外関税を課されることである。最終財生産企業は，原産地規則を満たすかどうかにかかわらず域内国での生産が可能であり，その点で，先行研究で取り上げている現地調達率規制とは分析の状況が異なる。本稿では，中間財に対する限界支出に非連続性は存在しないものの，限界的な原産地規則の水準の引き上げが，域内国の最終財生産企業の買い手独占力を引き下げ，域内国で生産される中間財への需要の増加と域内国の経済厚生の増加をもたらすケースがあることを示しており，先行研究とは異なる結果を導出している。

　本稿の残りの部分については次の通りである。第2節ではモデルの設定を行う。第3節では，域内国政府による原産地規則の設定について分析する。第4節では結論と今後の課題を示す。

2. モデル

　世界はA国，B国，C国の3国で構成される。A国およびB国はそれぞれでみても，A国とB国を合わせた場合でも小国と仮定する。A国とB国が自由貿易協定を締結する[2]。最終財については，A国は消費国であり，B国は生産国である。域内に存在する最終財生産企業は1社である。よって，域内では中間財について買い手独占となっている。中間財の生産は，域内国と域外国の双方で行われる。また，域内国で生産された中間財と域外国で生産された中間財は完全代替と仮定する。最終財を1単位生産するためには中間財を1単位必要とする。しかし，中間財は混合することができると仮定する。よって，最終財を1単位生産する際に，2種類の中間財を混合し，合計として1単位中間財を投入すれば最終財が生産できるものと仮定する。また，域内国は中間財には関税を課さないが，最終財には従量税の形式で関税を課す。域内国での最終財価格をp，最終財の世界価格をp^*，域内国での中間財価格をq，中間財の世界価格をq^*，A国で最終財に課される関税をtとおくと，域内国は小国であるとの仮定より$p=p^*+t=q^*+t$, $q=q^*$が成り立つ[3]。

　域内国で生産される最終財の需要量をy，域外国で生産される最終財の需要量をy^*で表し，最終財の逆需要関数を以下のように設定する。

$$p = a - (y + y^*) \tag{1}$$

域内国の最終財生産企業による，域内国からの中間財調達量をz，域外国からの中間財調達量をz^*とおくと，最終財1単位の生産にトータルで中間財1単位を必要とすることから，均衡では$y=z+z^*$が成り立つ。

---

[2] 本稿では，自由貿易協定を締結した後の状況について分析する。
[3] 本稿では，域外関税の水準や変化については取り扱わない。そのため，分析を簡単にするため，最終財の域外関税を$t=0$と規準化する。

最終財生産企業の利潤は以下のように表される。

$$\Pi = py - qz - q^*z^*$$
$$= p(z + z^*) - qz - q^*z^* \quad (2)$$

中間財市場は完全競争を仮定している。よって，域内国の中間財生産企業の逆供給曲線は，限界費用曲線となる。限界費用は中間財の生産量が増加するにつれて逓増する状況を仮定しており，単純化のため，以下のように仮定する。

$$q(z) = b + cz \quad (3)$$

域内国の最終財生産企業は，域内国では中間財の買い手独占企業である。よって，域内国の最終財生産企業は，最終財生産企業にとっての中間財限界調達費用と域外国で生産される中間財の限界費用が等しくなるところで，域内国からの中間財の調達量を決定する。域内国の中間財生産企業の限界費用は（3）式で表されることから，域内国の最終財生産企業にとっての域内国中間財調達費用は $q(z)z = (b+cz)z$ となる。よって，域内国の最終財生産企業にとっての，域内国からの中間財限界調達費用は

$$\frac{dq(z)z}{dz} = cz + (b+cz)$$
$$= b + 2cz \quad (4)$$

となる。域内国からの中間財調達量を z_1 とおくと z_1 は $b + 2cz = q^*$ となる z である。よって，

$$z_1 = \frac{q^* - b}{2c} \quad (5)$$

となる。この時の最終財生産企業にとっての中間財調達価格を $q(z_1)$ とおくと，$q(z_1)$ は（5）式で表されている z_1 を（3）に代入することで求められる。

中間財調達価格 $q(z_1)$ は

$$b + cz_1 = b + c\frac{q^* - b}{2c}$$
$$= \frac{b + q^*}{2} \tag{6}$$

である。この中間財調達価格 $q(z_1)$ と q^* には以下の関係が成り立っていると仮定する。

仮定1

　域内国の最終財生産企業が域内国からの中間財調達において，買い手独占力を行使している状況では，域内国からの中間財調達価格は $q(z_1) = \frac{b+q^*}{2}$ である。この状況において $q(z_1)$ は，域外国の中間財価格 q^* よりも低い。つまり，$b < q^*$ を仮定する。

　仮定1より，域内国の最終財生産企業が域内国において中間財の買い手独占企業として行動できる状況では，域内国から中間財を z_1 単位調達し，残りを域外国から調達する。域内国は小国であるため，域内国の最終財生産企業は最終財を $p = q^*$ で供給する。$p = q^*$ の時の生産量を y_1 とおくと，買い手独占企業として域内国から中間財を調達している状況においても，最終財生産量は y_1 で変わらない。

　域内国の経済厚生は，最終財市場における消費者余剰，域内国の最終財生産企業の利潤，域内国の中間財産業の生産者余剰の合計で表される。最終財市場における消費者余剰は

$$CS = \frac{(a - q^*)y_1}{2}$$
$$= \frac{(y)^2}{2} \tag{7}$$

である。域内国の最終財生産企業が中間財調達において買い手独占力を行使している時の利潤は

$$\begin{aligned}\Pi &= py_1 - qz_1 - q^*z_1^* \\ &= q^*y_1 - qz_1 - q^*(y_1 - z_1) \\ &= (q^* - q)z_1 \end{aligned} \tag{8}$$

となる。中間財産業の生産者余剰は

$$\begin{aligned} PS &= \frac{(q-b)z_1}{2} \\ &= \frac{c(z)^2}{2} \end{aligned} \tag{9}$$

となる。

図1 中間財市場の状況

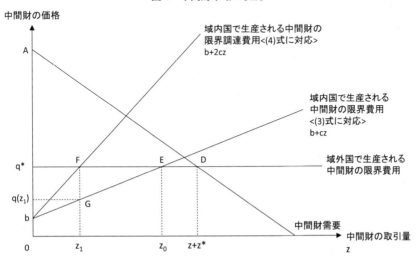

本節で示した基本モデルの状況は図1で表される。図1において横軸は中間財の取引量，縦軸は中間財の価格を表している。本稿の分析では，最終財1単位の生産には中間財1単位を要すると仮定しており，最終財の需要は線形を仮定している。それゆえ，中間財の逆需要曲線は，A点を起点とした右下がりの直線で表される。域外国で生産される中間財の限界費用は一定と仮定しているので，その状況はq^*を起点とする横軸に平行な直線で表される。域内国で生産される中間財の限界費用は逓増を仮定しているため，域内国で生産される中間財の限界費用曲線はbを起点とする右上がりの直線で表される。$b < q^*$を仮定しているため，E点のような，域内国で生産される中間財の限界費用曲線と域外国で生産される中間財の限界費用曲線の交点が存在する。本稿では，域内国の最終財生産企業は域内国で生産される中間財について買い手独占を仮定している。その状況における，域内国の最終財生産企業にとっての，域内国で生産される中間財の限界調達費用曲線は，bを起点としてF点を通る直線で表される。域内国の最終財生産企業が買い手独占力を行使している状況では，域内国で生産される中間財の限界調達費用曲線と域外国で生産される中間財の限界費用曲線の交点で，域内国産の中間財調達量を決定し，それはF点が対応する。域内国の最終財生産企業が域内国から調達する中間財はz_1単位であり，この状況における消費者余剰は三角形ADq^*，域内国の中間財産業の生産者余剰は三角形$bGq(z_1)$，域内国の最終財生産企業の超過利潤は四角形$q^*FGq(z_1)$で表される。

　比較のために，域内国の最終財生産企業が中間財の調達において，仮にプライステイカーとして行動すると仮定した場合の均衡を示すと，域内国の最終財生産企業は域内国で生産される中間財の限界費用が域外国で生産される中間財の限界費用q^*に等しくなるところまで，域内国で生産される中間財を購入する。その時の域内国で生産される中間財の調達量をz_0とおく。図1ではz_0に対応するのはE点である。域内国の最終財生産企業が中間財の調達において仮にプライステイカーとして行動すると仮定する場合と比べると，域内国の最終財生産企業が買い手独占力を行使することで，図1の三角

形 EFG で表される死荷重が生じる。

3. 原産地規則の効果

　自由貿易協定を締結している域内国は，域内国で生産されている財の輸入については関税を課さないが，域外国で生産された財の輸入には関税を課す。域内国で生産された財か域外国で生産された財かを判別するために，自由貿易協定では原産地規則が設定される。本稿で域内国政府が設定する原産地規則は，最終財に含まれている中間財のうち，域内国で生産された中間財が，どの程度含まれているかで判断する形式である。域内国で生産された中間財の含有率が一定水準以上である場合は，その最終財が域内国で生産されたと判断され，関税なしで輸入される。域内国政府が設定する原産地規則，つまり，域内国で生産された最終財に含まれているべき域内国産の中間財の含有率を ϕ とおく。もし，$\phi \leq z_1/y_1$ であるならば，域内国の最終財生産企業が買い手独占力を行使できる場合に域内国から中間財を調達する比率よりも，原産地規則の比率は低い。よって，域内国の最終財生産企業は域内国から調達する中間財の比率を変えることなく，原産地規則を満たしている。もし，$z_1/y_1 \leq \phi \leq z_0/y_1$ であるならば，その比率は，域内国の最終財生産企業が買い手独占力を行使する形で域内国から中間財を調達しているときの比率よりも高い。そのため，域内国で生産される中間財の比率を変えないままであると，原産地規則を満たすことができない。一方，原産地規則を満たすように，域内国で生産される中間財の比率を増やしていっても，域内国で生産される中間財の限界費用は域外国で生産される中間財よりは低い。よって，域内国の最終財生産企業にとっては，原産地規則を満たすのは不利にならないため，原産地規則を満たすように域内国で生産される中間財の比率を調整する[4]。

---

[4] $z_0/y_1 < \varphi$ の時は，域内国の最終財生産企業が原産地規則を満たしながら中間財を調達しようとすると，域外国で生産された中間財よりも価格の高い中間財を使用することになる。よって，原産地規則を満たしながら生産するかどうかは，域外関税の水準との兼ね合いになる。しかし，本稿では現時点ではこの状況については考慮しない。

域内国の経済厚生は，最終財市場における消費者余剰，最終財生産企業の利潤，中間財産業の生産者余剰の合計で表されるので，

$$W = CS + \prod + PS$$
$$= \frac{y^2}{2} + p^*y - qz - q^*z^* + \frac{cz^2}{2}$$
$$= \frac{y^2}{2} + p^*y - (b+cz)z - q^*z^* + \frac{cz^2}{2} \quad (10)$$

となる。第2節でみたように，域内国の最終財生産企業が中間財を調達する際に買い手独占力を行使することにより，域内国の中間財産業に死荷重が発生している。域内国の最終財生産企業が買い手独占力を行使している状況における域内国の中間財の含有率から，含有率を引き上げるように，原産地規則の水準を限界的に変化させることが，域内国の中間財産業の死荷重を減少させ，経済厚生を増加させる政策になるかどうかが，本稿で分析する事柄になる。原産地規則の水準の限界的な変化が経済厚生にもたらす効果は，以下のように表される。

$$\frac{\partial W}{\partial \phi} = -b\frac{dz}{d\phi} - cz\frac{dz}{d\phi} - q^*\frac{dz^*}{d\phi}$$
$$= -(b+cz)\frac{dz}{d\phi} - q^*\frac{dz^*}{d\phi}$$

域内国で生産される中間財と域外国で生産される中間財は，完全代替と仮定している。よって，$dz/d\phi = -dz^*/d\phi$ である。そのため，

$$\frac{\partial W}{\partial \phi} = -(b+cz)\frac{dz}{d\phi} - q^*\frac{dz^*}{d\phi}$$
$$= -(b+cz)\frac{dz}{d\phi} + q^*\frac{dz}{d\phi}$$
$$= -q\frac{dz}{d\phi} + q^*\frac{dz}{d\phi}$$
$$= (q^* - q)\frac{dz}{d\phi} \quad (11)$$

域内国の最終財生産企業が，原産地規則を満たしつつ，買い手独占力を行使して域内国から中間財を調達している時は $\phi \leq z_1/y_1$ である。この時の原産地規則の水準を $\phi_1 \equiv z_1/y_1$，域内国からの中間財調達量を z_1 とおくと，$q_1 = q(z_1)$ であり，仮定1より $q^* - q_1 > 0$ であることから，

$$\left.\frac{\partial W}{\partial \phi}\right|_{\phi=\phi_1} = (q^* - q_1)\frac{dz}{d\phi} > 0 \tag{12}$$

となる。この点は以下のようにまとめられる。

命題1

　仮定1が成り立っており，さらに，域内国の最終財生産企業が買い手独占力を行使して域内国の中間財を調達している状況，つまり，買い手独占均衡の状況が，域内国政府の設定している原産地規則を満たしているものとする。この状況において域内国政府が原産地規則の水準（ϕ）を，買い手独占均衡における域内国産中間財調達率（ϕ_1）よりも限界的に引き上げることは，域内国の経済厚生を上昇させる。

　命題1が示しているのは，域内国政府が原産地規則の水準を，買い手独占均衡における域内国産中間財調達率よりも限界的に引き上げるのを通じて，域内国の経済厚生を上昇させるのができることである。図1より域内国の中間財産業の死荷重は三角形EFGで表されており，域内国政府が原産地規則の水準を限界的に引き上げるのは，図1の辺FGに当たる部分が右にシフトすることに対応する。その点を踏まえると，域内国政府にとって最適な原産地規則は，域外国の最終財生産企業による域内国産の中間財調達量が z_0 になるような水準である。その際の原産地規則の水準を $\phi_0 \equiv z_0/y_0$ とおくと，$q_0 = q(z_0)$ である。z_0 は前節でみたように，域内国の最終財生産企業が中間財の調達において，プライステイカーとして行動する場合の域内国産中間財調達量である。この時の域内国で生産される中間財の限界費用は，域外国で生産される中間財の限界費用 q^* に等しい。よって $q_0 = q(z_0) = q^*$ である。

$$\frac{\partial W}{\partial \phi} = (q^* - q)\frac{dz}{d\phi}$$

であるので

$$\left.\frac{\partial W}{\partial \phi}\right|_{\phi=\phi_0} = (q^* - q_0)\frac{dz}{d\phi}$$

$$= (q^* - q^*)\frac{dz}{d\phi} = 0 \qquad (13)$$

となる。上記は以下の命題にまとめられる。

命題 2

域内国政府にとって最適な原産地規則の水準は ϕ_0, つまり，域内国の最終財生産企業が中間財の調達において，仮にプライステイカーとして行動すると仮定した場合の域内国産中間財調達率である。

4. おわりに

本稿では，域内国の最終財生産企業が中間財を調達する際に，域内国の中間財産業に対して買い手独占力を行使できるケースにおいて，自由貿易協定を締結している域内国政府が設定する原産地規則の限界的な変化が域内国の経済厚生にもたらす効果について分析した。特に，域内国の最終財生産企業が域内国の中間財産業に対して買い手独占力を行使して中間財の調達を行っている時に，域内国の中間財が域外国の中間財よりも低い価格で調達できているのが仮定され，しかも，域内国政府が設定する原産地規則を満たしている状況について分析した。このような状況において，域内国政府が設定する原産地規則を限界的に引き上げた場合，域内国で生産される中間財が域外国で生産される中間財よりも低い価格で調達できることから，域内国の最終財生産企業は原産地規則を満たすように行動する。それは，域内国で生産される中間財の調達量を引き上げることにつながり，域内国の中間財産業の生産

者余剰の増加につながる。このことは，原産地規則の水準を限界的に引き上げる前に発生している死荷重を減少させることになるので，域内国の経済厚生を引き上げる結果となる。

本稿では企業の戦略的行動を考慮していない。しかし，企業の戦略的行動がない状況や，域外国が何ら影響していない状況においても，原産地規則の限界的な変化が域内国の経済厚生を引き上げ，域外国の経済厚生には影響を与えないために，世界全体の経済厚生を低めないケースがある点を本稿は示している。そして，このようなケースにおいては，原産地規則は域内国だけではなく世界全体の経済厚生を低めない政策手段として位置づけられ，従来指摘されていた，隠された保護手段という原産地規則の位置付けとは対照的である。

本稿の分析は，あくまでも域内国の最終財生産企業による買い手独占という1つのケースでの分析にすぎない。そのため，原産地規則が域内国だけではなく世界全体の経済厚生を低めないような政策手段として機能するのは，本稿で取り上げた買い手独占のケース以外にも存在するのかどうか明らかにすることは，今後の課題の1つである。本稿では域内国は自由貿易地域の結成にかかわらず小国という設定で分析を行ったが，域内国が大国というケースの分析は必要である。また，最終財市場が寡占市場であり，最終財生産企業が戦略的行動を取る状況での分析も必要である。さらには，自由貿易協定を締結する前と締結した後で，企業の行動や貿易パターン，経済厚生がどのように変化するかを明らかにすることも必要と考えられる。

参考文献

Endoh, M., K. Hamada and K. Shimomura (2013), Can a Regional Trade Agreement Benefit a Nonmember County without Compensasing It? *Review of International Economics*, 21(5): 912–922.

Ishikawa, J., H. Mukunoki and Y. Mizoguchi (2007), Economic Integration and Rules of Origin under International Oligopoly, *International Economic Review*, 48(1): 185–210.

Iwasa, K., R. Riezman and K. Shimomura (2008), Pareto-Improving Trading Clubs without Income Transfers, in Tran-Nam, Binh, Ngo Van Long, and Makoto Tawada eds. *Globalization and Emerging Issues in Trade Theory and Policy*, Bingley.

Ju, J. and K. Krishna (2005), Firm Behaviour and Market Access in a Free Trade Area with Rules of Origin, *Canadian Journal of Economics*, 38(1): 290–308.

Kemp, M. C. and H. Y. Wan, Jr. (1976), An Elementary Proposition Concerning the Formation of Customs Unions, *Journal of International Economics*, 6: 95–97.

Kemp, M. C. and K. Shimomura (2001), A Second Elementary Proposition Concerning the Formation of Customs Unions, *Japanese Economic Review*, 52(1): 64–69.

Krishna, K. and A. O. Krueger (1995), Implementing Free Trade Agreements: Rules of Origin and Hidden Protection, in Deardorff, A. V. and J. Revinsohn and R. M. Stern eds. *New Directions in Trade Theory*, University of Michigan Press.

Kuroda, T. (2004), Local Content Protection Recosidered: the Case of Monopsonist, *Economics Bulletin*, 6(24): 1–9.

Ohyama, M. (1972), Trade and Welfare in General Equilibrium, *Keio Economic Studies*, 9(2): 37–73.

Panagariya, A. and P. Krishna (2002), On Necessarily Welfare-Enhancing Free Trade Areas, *Journal of International Economics*, 57: 353–367.

Richardson, M. (1991), The Effects of a Content Requirement on a Foreign Duopsonist, *Journal of International Economics*, 31: 143–155.

Richardson, M. (1995a), Tariff Revenue Competition in a Free Trade Area, *European Economic Review*, 39: 1429–1437.

Richardson, M. (1995b), On the Interpretation of the Kemp/Wan Theorem, *Oxford Economic Papers*, 47(4): 696–703.

Takauchi, K. (2014), Rules of Origin and Strategic Choice of Compliance, *Journal of Industry, Competition, and Trade*, 14(2): 287–302.

自由貿易協定における厚生改善的な原産地規則の分析

Summary

Free Trade Agreement and Welfare-Improving Rules of Origin: A Case of Monopsony for Intermediate goods

Yoshihiro Mizoguchi

(Department of Regional Economics, Faculty of Economics, Teikyo University)

This paper investigates the effects of Rules of Origin (ROO) on economic welfare and the optimal level of ROO. When the intermediate goods market is monopsony, a marginal increase of the level of ROO decreases the monopsony power for final goods producer located in member countries and raises the welfare of the member countries. In this case, the non-member country (rest of the world) does not affect the intermediate goods market. Therefore, the welfare of the non-member country does not change. This case implies the possibility of the formation of Free Trade Agreement (FTA) with welfare-improving ROO.

投稿論文

2015年のジャパン・プレミアム： 円投／ドル転スワップを利用したドル調達 の構造的脆弱性に関する考察*

慶応義塾大学　鈴木　佳子[†]

要旨

　本稿は2015年を中心に観察されたドル／円スワップ・スプレッドの理論値からの乖離（ベーシス，またはジャパン・プレミアム）の要因として，ドル調達の構造的な不均衡と市場リスクに着目し分析を行った。アベノミクス下で量的・質的金融緩和が推し進められた同期には，円からドルへの交換ニーズが平均的なスワップ取引の出来高や海外勢のドル供給余力に対して過大となり，需給バランスがドル不足に偏り，結果としてベーシスが拡大した可能性がある。またドル／円相場の円安方向へのボラティリティ上昇は円資金の担保価値を低下させベーシスの拡大を招きやすい。

キーワード：ジャパン・プレミアム，ベーシス，ドル調達コスト，為替スワップ，カバー付き金利平価

---

[*] 本研究の遂行にあたり，貴重な御助言・御指導を頂いた慶應義塾大学 竹森俊平教授，前多康男教授に深謝すると共に，報告の機会と洞察に富む御助言を頂戴した専修大学国際金融研究会，横浜国立大学国際金融研究会／国際経済政策研究会の皆様に心より御礼申し上げます。

[†] 慶応義塾大学経済学研究科（E-mail: ymori@a3.keio.jp）

1. はじめに

2012年12月に発足した第2次安倍政権は，長引くデフレからの早期脱却と日本経済の再生のため「大胆な金融政策」，「機動的な財政政策」，「民間投資を喚起する成長戦略」を「三本の矢」として掲げた。大胆な金融政策では日本銀行の黒田東彦総裁が「量的・質的金融緩和（QQE）」を導入した。QQEの下，運用機関のポートフォリオは変更を促され，民間投資家はより高いリターンを求めて内外株式や外国債券等のリスク資産への投資を増加させた。また，年金積立金管理運用独立行政法人（GPIF）などの公的機関は国内債に大きく偏っていた運用を改め，内外の株式や外国債の比率を引き上げるため，基本ポートフォリオの見直し[1]を行った。

対外証券投資を行う本邦投資家は，多くの場合，為替スワップやレポ取引を利用して為替リスクを回避する。円資金を担保にドル資金を借り入れる円投／ドル転スワップでは，通常，金利裁定が働きそのコストは日米金利差に収斂する。

しかし，2014年半ばから2015年年末にかけて，円投／ドル転スワップでは，ベーシスと呼ばれる上乗せ金利が拡大し，ドル調達コストが日米金利差から大幅に乖離した。ベーシスは1990年代後半に邦銀の不良債権問題が深刻化した折にも顕著な拡大をみせ「ジャパン・プレミアム」と呼ばれた。

本稿が主な分析対象期間とする2014–2015年において邦銀の信用状況は欧米金融機関に比べ良好である。だが，円投／ドル転スワップでは，ユーロ投／ドル転スワップなど他の主要通貨のクロス・カレンシー・スワップでは観察されない規模のベーシスが発生している。今回のベーシスは，邦銀の信用状況が一義的な要因ではなく，他の要因も関連している可能性があるのでは

---

[1] 政府は2013年6月に「公的・準公的資金の運用・リスク管理等の高度化等に関する有識者会議」を設置，2013年11月にGPIFについて具体的な運用改革の工程表が提言された。2014年10月にはGPIFより基本ポートフォリオの変更が発表され，国内債券比率の引き下げと，国内株式および海外株式比率の引き上げが発表された。

ないか。

　本稿は対象期間のベーシスの上昇について，本邦投資家のドル資金調達における構造的不均衡や市場リスクがジャパン・プレミアムの発生に影響を及ぼしているとの仮説を立て，それを実証的に検証することを目的とする。

　本稿の構成は以下のとおりである。第2節では，カバー付き金利平価説を概説したうえで，先行研究を整理し，それらとの対比における本稿の課題と分析手法の要点を示す。第3節では仮説の設定を行う。第4節では二段階の分析手法を提示し，第一段階の分析の枠組みを説明し，分析結果について検討する。第5節では第二段階の分析の枠組みに沿って市場リスク，マーケット・ボラティリティ，信用リスクなど各説明変数を解説し，それらを用いた分析の結果を検討する。さらに，ユーロ危機時とアベノミクス期の円投／ドル転スワップのベーシスを要因分解して比較検討する。第6節では総括を行う。

2. ベーシスの動向と先行研究

　ジャパン・プレミアムは金利平価説に基づくカバー付き金利平価（CIP：Covered Interest Parity）からのドル／円フォワード・スプレッドの乖離である。カバー付き金利平価説は，自国通貨建てで運用した金利収益と為替先物を用いて為替リスクをヘッジして外国通貨建てで運用した場合の金利収益は裁定が働く結果等しくなるという関係を指す。例えば，ドル／円におけるカバー付き金利平価は（1）式，（2）式で表すことができる。S_tはt時点のドル／円のスポット・レート，$F_{t,t+s}$はt時点から$t+s$時点までのドル／円の先物レート，r^{USD}, r^{JPY}，はそれぞれドルと円の短期金利であり，本稿では3ヵ月物 LIBOR（London Interbank Offered Rate）を使用する。（1）式は本邦勢にとっての無裁定条件式であり，（2）式は外国勢にとっての無裁定条件式である。

$$1+r^{USD} = \frac{S_t}{F_{t,t+s}}(1+r^{JPY}) \qquad (1)$$

$$1+r^{JPY} = \frac{F_{t,t+s}}{S_t}(1+r^{USD}) \tag{2}$$

　本邦勢が円投／ドル転スワップを行うケースに当てはめて考えると，カバー付き金利平価説の下では，為替スワップによる本邦勢のドル調達コスト（＝円投／ドル転コスト）を示す（1）式の右辺と，ドル資金市場からの調達コストを示す（1）式の左辺は，両市場間で裁定が十分に行われる場合には一致する。本邦勢の取引相手となる外国勢についても，(2) 式の右辺（＝ドル投／円転コスト）と，円資金市場からの調達コストを示す (2) 式の左辺は，同様に一致する。

　しかし，実際，過去に金融市場でストレスが高まった局面では，円投／ドル転によるドル調達コストのCIPからの顕著な乖離が観測されている。この裏側では，ドル投／円転による円調達コストのCIPからの顕著な乖離が同時発生しているが，本稿では，2014-2015年に発生した乖離が，本邦勢による大規模な対外投資に端を発するとの仮説に基づき，本邦勢のドル調達コストのCIPからの乖離に重点を置いて分析を進める。

　CIPからの乖離は一般にベーシスと呼ばれる（Goldberg et al. (2011))。ベーシスがゼロである場合は「無裁定CIP条件」または「CIP条件」と呼ぶ。ベーシスがゼロより大きければ裁定機会を表し，ドル資金市場にアクセスが可能で為替スワップにおいてドルの出し手となりうる金融機関は，理論上，裁定取引によって収益を得ることが可能となる。(3) 式は円投／ドル転スワップにおけるベーシスを表す。

$$Basis_t^{JPY,USD} = \frac{S_t}{F_{t,t+s}}\left(1+r_t^{jpy}\right) - \left(1+r_t^{USD}\right) \tag{3}$$

　ベーシスは効率的市場仮説を前提とした資産形成理論（Markowitz (1952), Sharpe (1964)）における「アノマリー（変則現象）」の一種である。効率的市場仮説の下ではベーシスは裁定取引によって瞬時に解消されるはずである。この点について，実際の市場動向と照らし合わせてみてみたい。

2015年のジャパン・プレミアム

　図表1は2012年から2015年の3カ月物円投／ドル転スワップのベーシスの推移を暦年毎に比較したものである。円投／ドル転スワップでは，2014年半ばに10ベーシスポイント（以下，bp）台だったベーシスが同年末にかけて40 bpまで上昇。ベーシスは2015年8月のチャイナショック（人民元切り下げ後の金融市場の混乱）を受けた9月に70 bp台に急騰したあと11月には87 bpまで上昇してリーマンショック直後の2008年9月以来の高水準に達した。ベーシス上昇の背景としては，年末や米連邦準備理事会（FRB）の利上げを控え，ドルの出し手である欧米金融機関の資金調達姿勢が慎重化する一方で，邦銀が年末越え資金や年度末越え資金の調達姿勢を強めたこと等が考えられる。

　一方，図表2のユーロ投／ドル転スワップでは，スペインおよびギリシャの格下げを受けた2012年年央に30 bp台へのベーシス上昇が確認される。2014年については10月まで10 bp以下，11月から2015年にかけては20 bpを軸に安定的に推移したが，円投／ドル転スワップと同様にFRBの利上げ

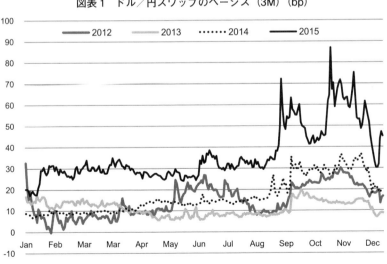

図表1　ドル／円スワップのベーシス（3M）（bp）

出所：Datastream, Tullet Prebon

127

図表2　ユーロ／ドルスワップのベーシス（3M）(bp)

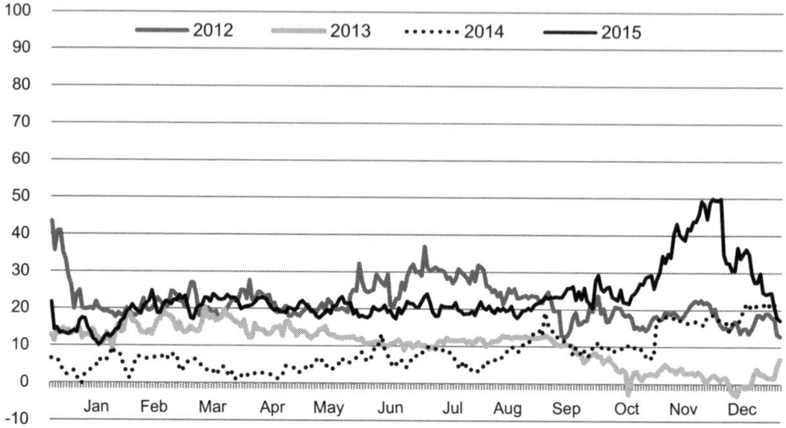

出所：Data Stream, Tullet Prebon

を控えた11月には一時的に40 bp後半に上昇した。しかし，年末には再び10 bp台に反落し，高ボラティリティが続く円投／ドル転スワップとは異なる様相を呈している。なお，世界金融危機後の為替スワップ取引においてベーシスが常態化しゼロにならない点については鈴木（2013）を参照されたい。

　アノマリーをめぐる論点は2つに分類できる。1つはFama（1996）に代表される資産形成理論の修正拡張路線であり，既存理論を踏襲しつつ，同理論によるリスク評価が不十分であるとの見解である。もう1つは市場の効率性を前提とすること自体に問題があるとする議論である。この概念はマーケット・マイクロストラクチャーと行動ファイナンスの分野に進展する。マーケット・マイクロストラクチャーはアノマリーの発生原因を参加者による合理的行動を妨げる制度や構造的障害に求めるものである。本稿ではマーケット・マイクロストラクチャーの問題について，それらが需給構造に影響を及ぼす範囲において取り上げる。行動ファイナンスは人間の投資行動は資産形成理論が想定する理想的な合理性に従わず，限定的な合理性に従うとの考え方に基づき意思決定問題を研究する分野である。

ベーシスをめぐっては，Demsetz（1968），Frenkel and Levich（1977），Taylor（1987）（1989）が取引コストの影響を重視し，Aliber（1973）が政治リスク，Levi（1977）が税率格差，Blenman（1991）が資本市場の不完全性を主因とみなすなど，様々な角度から研究がなされているが，1990年代前半のユーロ市場では取引コスト説が有力であった。本稿では，取引コストについて，税制や規制などから発生するコストではなく，為替相場のボラティリティおよび，ドル／円スワップ取引の平均的な出来高に対する円投／ドル転によるドル資金調達ニーズなど，一般に「マーケット・インパクト」と呼ばれる側面からアプローチする。

　1990年代後半のジャパン・プレミアムの解釈については取引コストや原資産価格の変動に加え信用リスク説を唱える研究者が多い。Covrig（2004）は，邦銀がパネル銀を構成するTIBORと欧米金融機関がパネル銀を構成するLIBORの格差は邦銀の信用リスクを反映すると指摘した。花尻（1999）は，ドル／円スワップ・スプレッドのプレミアムが拡大した背景には，ユーロドル資金市場におけるジャパン・プレミアムが禁止的に高まり，ドルLIBORにそうした実態が反映されていなかった可能性に起因するものと，邦銀の信用力に関する市場参加者間の情報ギャップに起因するものがあると分析した。信用リスクについては，リーマンショック以降，邦銀と欧米金融機関の信用力が逆転し，欧米金融機関の信用リスクが邦銀より高い状況となっていることに留意すべきであろう。本稿では逆転した信用力がベーシスに与えた影響についてみていく。

　世界金融危機時（2007–2008）に観察されたベーシスの研究については，信用リスクに加え，流動性リスクを重要視するものが目立つ。ただし，流動性リスクを直接的に捉えることは困難であるため，中央銀行の金融調節が流動性クランチに働きかけベーシスの低下に寄与したか否かを検証することにより，流動性リスクの存在を間接的に把握する手法がこの時期のベーシスの研究の特徴である。Baba and Packer（2008）は世界金融危機時のユーロ／ドルスワップのベーシスには，欧州銀と米銀の信用リスク格差が有意な影響を

及ぼしているとした上で，欧州中央銀行（ECB）によるドル供給オペがユーロ／ドルスワップの CIP からの乖離のボラティリティを低下させるのに奏功したとの実証結果を明らかにしている。Goldberg et al.（2011）は FRB が 2007-2008 年に各国中央銀行と締結したドル供給を目的とする通貨スワップは，危機時の市場の機能低下による流動性クランチを軽減するのに役立ったとしている。他方，世界金融危機時の短期金融市場の混乱の要因を分析した Taylor and Williams（2008a）（2008b）は，LIBOR-OIS の急騰に現れたドル資金市場のストレスは信用リスクでほぼ説明可能であり，FRB が 2007 年 12 月に導入した TAF（Term Auction Facility）は流動性改善に影響を及ぼさなかったとする。一方，花尻（1999）は，中央銀行は金融調節を通じ自国通貨の資金市場で発生したリスク・プレミアムに影響を及ぼしうるが，外貨資金市場のリスク・プレミアムを自国通貨の供給によって押し下げることには限界があるとする。外貨資金市場のプレミアムは，理論的には，自国金融機関の信用状況に関する不確実性が排除されない限り縮小させることはできないとし，流動性リスクと信用リスクを結び付けて論じた。本稿では流動性問題について，マーケット・インパクトやドルの供給元である欧米金融機関のバランスシート制約との関連で捉えていく。

　稲葉・紺野・福永・清水（2001）は，円転（円投）コストの決定要因について再考を図り，為替スワップ，無担保コールレート，ユーロ円レートでの円調達コストは通常，相互に裁定が働く関係にあるが，母国通貨以外の通貨については，当該国の資金の出し手の決算期末などには，バランスシート制約の強まりから需給のバランスが崩れやすく，結果として非居住者による調達コストが上昇する傾向があるとする。本稿ではバランスシート制約が，世界金融危機後に厳格化が進展した金融規制により，一段と強まっている可能性に着目する。金融規制は自己資本の拡充や流動性バッファーの保有義務などを通じて「規制プレミアム」とも呼ばれるバランスシート上の追加的費用をもたらす。先進国の中では異例なほど低い格付けの日本国債（JGB）[2] を含

---

[2] S&P は 2011 年 1 月 27 日に日本国債の長期格付けを「AA」から「AA－」に一段 ↗

む円資産での運用がバランスシート上の追加的コストを発生させることから，欧米金融機関は為替スワップ取引を通じた円資産の保有に対してより慎重になる可能性があると考えられる。

3. 仮説

図表3は日本，米国，欧州について，各地域の主要な金融機関3行[3]のクレジット・デフォルト・スワップ（CDS）スプレッド（日次データ）の単純平均値の推移を表す。これによると邦銀の信用状況は2010年3月以降，米銀や欧州銀の信用状況と比較して良好である。図表4は日本，米国，ドイツ，英国のソブリンCDSスプレッドの推移を比較したものである。この間にJGBは複数の大手格付会社から格下げされており，日本のソブリンリスクは他の先進諸国に比べて高い状況が継続している。

図表5はドル，円，ユーロの資金市場におけるLIBOR-OISのスプレッドの推移を示す。LIBOR-OISスプレッドは数多くの先行研究において資金市場のストレスを表す代表的な指標，または流動性リスクの指標Schwarz（2015）として用いられてきた。2014–2015年の対象期間において，ドルとユーロのスプレッドは低位安定し，円のスプレッド（右目盛り）は2014年年初の7.5 bp付近から2015年末には1 bpを下回る水準まで低下しており，各通貨の資金市場において目立ったストレス状況は観察されない。

花尻（2000）は，1990年代後半のジャパン・プレミアムの発生には，一般に指摘される邦銀の信用状況のみならず，マクロ的な外貨調達構造のイン

↗ 階引き下げ，2015年9月16日に「AA−」から「A＋」に一段階引き下げた。ムーディーズは2011年8月24日に日本国債の格付けを「Aa2」から「Aa3」に1段階引き下げ，2014年12月1日に「Aa3」から「A1」に1段階引き下げた。フィッチ・レーティングスは2012年5月23日に同「AA−」から「A＋」へ一段階引き下げた。2015年4月27日に同「A＋」から「A」に一段階引き下げた。各社の評価は共に上から5番目で「シングルA」クラス。

[3] 邦銀：Mitsubishi UFJ, Sumitomo Mitsui Banking Corp, Mizuho Corporate Bank，米銀：Citigroup, JP Morgan Chase, Bank of America，欧州銀：Barclays Bank, Deutsche Bank AG, Credit Suisse Group.

バランスが影響を及ぼしている可能性があるとする。本稿はこの考え方に依拠し，2014-2015年に観察されたジャパン・プレミアムの分析に応用する。すなわち，ドル／円スワップを利用した本邦勢によるドル調達は構造的な不均衡や市場リスクに曝されやすく，これらが表面化する場合には，たとえ邦銀の信用リスクが安定し，金融市場がストレス状況に陥っていなくても，ドル／円スワップのベーシスは拡大しやすいとの仮説を立て，これを検証する。

ドル調達構造としては次の点が指摘できる。まず，本邦勢のドル調達額が欧米金融機関のドル供給余力や市場規模と比較して過大であればスワップの価格に歪みが生じる可能性がある。同様に，市場リスクとしてドル／円のボラティリティが高い状況では，ベーシスに上昇圧力が生じやすい。また，信用リスクについては金融機関の信用リスク格差のみならず，ソブリン信用リスクについても検討する必要があると考えられる。なぜならば，リーマンショック以降に厳格化が進展した金融規制により，ドル資金の出し手である欧米金融機関においては，決算期末のバランスシート圧縮圧力（バランスシート制約）が一段と強まり，これがドル供給余力の低下を通じてベーシスに影響を及ぼしている可能性があるためである。

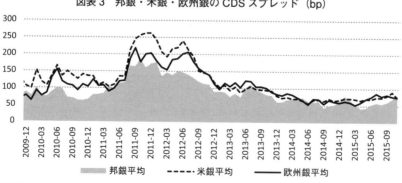

出所：Data Stream

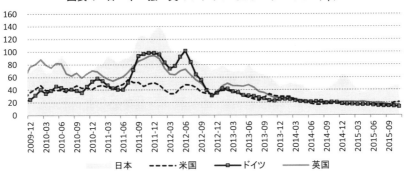

図表4 日・米・独・英のソブリンCDSスプレッド（bp）

出所：Data Stream

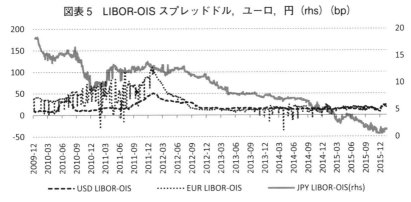

図表5 LIBOR-OISスプレッドドル，ユーロ，円（rhs）（bp）

出所：Data Stream

4. 分析の枠組み―第一段階

4.1 対外対内証券投資・直接投資

　第一段階の分析では，分析対象期間に実施された量的・質的金融緩和の下で活発化した本邦勢による対外投資（対外証券投資および対外直接投資）とベーシスの関係を調べていく。急拡大した対外投資は外貨需要を強め，為替

133

スワップ市場の需給バランスを円過剰／外貨不足の方向に偏らせ，ベーシスに影響を及ぼした可能性がある。本稿では，本邦勢による活発な対外投資とそれらがもたらすヘッジ・ニーズを「ボリュームリスク」として位置づける。さらに，主な分析対象期間ではボリュームリスクが他の要因を凌ぐ影響力を発揮していたとの仮説を立て，第一段階ではボリュームリスクに的を絞って分析を進める。なお，BIS（2015）の対外資産負債通貨別内訳によれば，2015年6月末時点で邦銀資産の56％，負債の63％がドル建てである。本稿では本邦勢の外貨調達はドル調達と同義であると見なす。

　図表6は2005年半ばからの居住者（本邦勢）と非居住者（海外勢）による対外証券投資および対内証券投資の推移を表す。図表7は同期の居住者による対外証券投資および対外直接投資と，非居住者による対内証券投資および対内直接投資の推移を表す。図表6，図表7のデータは月次のネット流入・流出額（売り越し・買い越し額）の6カ月平均値を用いた。第一段階では，まず図表6，図表7の各項目を含む説明変数を用いてベーシスへの影響を推計する。これらのフロー統計に加え，ストック統計である銀行等対外資産負債残高[4]を使用し，合計7種類の定式化の下で最小二乗法により推定する。なお，本邦勢の対外証券投資は証券タイプ別と投資家別のデータが存在するが，海外勢の対内証券投資では証券タイプ別のデータのみ公表されている。

　分析対象期間は2005年6月から2016年3月までで，まず全期間を推計したのちに，4期に区分して比較検討する。第1期は危機以前の2005年6月から2007年7月まで，第2期はパリバショックから始まる世界金融危機の期間で2007年8月から2009年11月まで，第3期はギリシャの格下げからECBの国債買い入れプログラム（OMT）発表までのユーロ債務危機の期間で2009年12月から2012年9月まで，第4期は野田内閣解散からアベノミクスの期間で2012年10月から2016年3月までである。

[4]　外国為替の取引等の報告に関する省令第14条および第23条の規定に基づく外国為替業務に関する報告をする「銀行等」（外国銀行在日店を含む）から提出を受けた「資産負債状況報告書」に記載された係数の集計値。

第二段階では，後半2期について，ボラティリティ，マーケット・インパクト，金融機関の信用リスク，ソブリンリスクがベーシスに及ぼした影響を最小二乗法により推定し，ベーシスを要因分解して2期を比較検討する。第二段階の分析期間を限定した理由は，信用リスクに関わる信頼できるデータが前半2期については十分でないためである。

　第一段階および第二段階の全ての分析において，被説明変数はドル／円スワップ3カ月物のベーシス（ジャパン・プレミアム）である。データの出所は，スワップ・スプレッドはTullet Prebon，ドル／円スポット・レート，円LIBOR，ドルLIBORおよびCDSスプレッドはData Streamである。

　ボリュームリスクを検証する第一段階では，財務省の「国際収支統計」と「対外および対内証券売買契約等の状況」から抽出した以下の説明変数を使用して，本邦勢の対外証券投資・直接投資，海外勢の対内証券投資・直接投資，本邦金融機関の外貨建て資産負債残高がベーシスに与えた影響を分析する。

[第一段階の説明変数]

本邦勢の対外投資	2変数：	対外証券投資，対外直接投資
対外証券投資（タイプ別）	3変数：	株式・ファンド持ち分，中長期債，短期債
対外証券投資（投資家別）	5変数：	預金機関，年金，証券，生保，投資信託
海外勢の対内投資	2変数：	対内証券投資，対内直接投資
対内証券投資（タイプ別）	3変数：	国内株式・ファンド持分，国内中長期債，国内短期債
対外資産残高	2変数：	銀行等外貨建て短期資産，同外貨建て長期資産
対外負債残高	2変数：	銀行等外貨建て短期負債，同外貨建て長期負債

上記の変数を用いて以下の式を推定する。

$$\text{ジャパン・プレミアム}_t = \alpha + \beta 1 (\text{対外証券投資})_t + \beta 2 (\text{対外直接投資})_t + \varepsilon_t \tag{4}$$

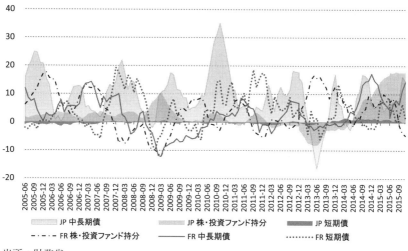

図表6　対外対内証券投資（単位：千億円）

出所：財務省

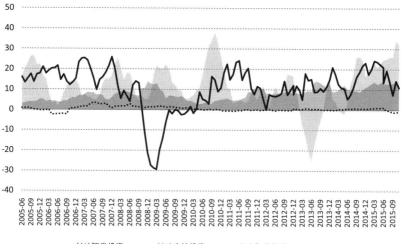

図表7　対外対内証券投資・直接投資（単位：千億円）

出所：財務省

$$\text{ジャパン・プレミアム}_t = \alpha + \beta 1\,(\text{株式・投資ファンド持分})_t + \beta 2\,(\text{中長期債})_t$$
$$+ \beta 3\,(\text{短期債})_t + \varepsilon_t \qquad (5)$$
$$\text{ジャパン・プレミアム}_t = \alpha + \beta 1\,(\text{預金機関})_t + \beta 2\,(\text{年金})_t + \beta 3\,(\text{証券会社})_t$$
$$+ \beta 4\,(\text{生命保険})_t + \beta 5\,(\text{投資信託})_t + \varepsilon_t \qquad (6)$$
$$\text{ジャパン・プレミアム}_t = \alpha + \beta 1\,(\text{対内証券投資})_t + \beta 2\,(\text{対内直接投資})_t + \varepsilon_t$$
$$(7)$$
$$\text{ジャパン・プレミアム}_t = \alpha + \beta 1\,(\text{国内株式・投資ファンド持分})_t$$
$$+ \beta 2\,(\text{国内中長期債})_t + \beta 3\,(\text{国内短期債})_t + \varepsilon_t \qquad (8)$$
$$\text{ジャパン・プレミアム}_t = \alpha + \beta 1\,(\text{外貨建て短期資産})_t$$
$$+ \beta 2\,(\text{外貨建て中長期資産})_t + \varepsilon_t \qquad (9)$$
$$\text{ジャパン・プレミアム}_t = \alpha + \beta 1\,(\text{外貨建て短期負債})_t$$
$$+ \beta 2\,(\text{外貨建て中長期負債})_t + \varepsilon_t \qquad (10)$$

4.2　分析結果と考察

　図表8は本邦勢の対外証券投資および対外直接投資の推計結果である。対外証券投資と対外直接投資の影響を推定する（4）式では，対外証券投資が全期間およびアベノミクス期において有意な影響を持つのに対し，対外直接投資では各期間で有意性を確認することができない。これは対外証券投資では為替スワップなど比較的短期の為替ヘッジが一般的であるのに対し，対外直接投資では，社債発行や期間1年超のベーシススワップ[5]など長期の為替ヘッジ手段が使用されるケースが多いことが一因であると考えられる。対外直接投資がベーシススワップに及ぼす影響については将来的な研究対象としたい。

　（5）式の推計では，株式・投資ファンド持分および対外中長期債がアベノミクス期に顕著に有意になっている。株式・投資ファンド持分については欧

---

[5] ベーシススワップはスタート時とエンド時に異なる通貨を交換し，期中とエンド時に変動金利（3，6カ月LIBORが一般的）を交換する取引で通常1年〜30年程度の長いタームで取引される。

州債務危機時にも顕著な有意性が確認できる。中長期債については危機以前にも有意な影響が確認され,本邦勢によるこれらの証券への投資がベーシスを押し上げた可能性がある。

一方,短期債はアベノミクス期で有意な負の影響を持つ。これはベーシスが一定以上の水準まで上昇しドル調達コストが高まれば,利回りが相対的に低い短期債への投資が逆ザヤとなり投資行動が抑制されるためだと推測される。

投資家別の対外証券投資とドル／円スワップのベーシスの関係性を推定する(6)式では,年金,生命保険会社,投資信託がアベノミクス期に有意な正の影響を持ち,これら機関投資家による対外証券投資が為替スワップ経由のドル資金調達ニーズを高め,ベーシスに影響を及ぼした可能性が示唆される。

図表9は非居住者による対内証券投資および対内直接投資[6]の推計結果である。(7)式と(8)式の推計結果では,アベノミクス期において中長期債が有意な影響を持つ一方で,対内直接投資と株式・投資ファンド持ち分が有意に負の影響を持つ。

まず,中長期債については,ベーシスが原因と解釈するのが自然であろう。つまり,ベーシスが拡大して,海外勢の円調達コストがゼロ近傍またはマイナス圏まで低下すれば,歴史的な低水準にある円債利回りからも収益機会を確保することができる。例えば,ドル／円スワップの3カ月物のベーシスは2015年末時点で約45 bpだが,このベーシスを勘案した海外勢の円調達コストはマイナス37 bpであり,規制プレミアムを加味しても円債投資から一定の収益を得られる余地が生じる。

他方,ベーシスは対内直接投資と株式・投資ファンド持ち分の低下に沿っ

---

[6] 外国為替および外国貿易法で定義される対内直接投資には,日本の上場企業,店頭公開企業の株式の取得で株式所有比率が10%以上となるものや,日本企業に対する金銭の貸付で貸付金額が1億円(期間5年超)または2億円(期間5年以下)を超えるもの,日本に支店,工場その他の営業所を設置することなどが含まれる。

2015年のジャパン・プレミアム

図表8　居住者の対外証券投資・対外直接投資の推計結果

	ドル／円スワップ3カ月物ベーシス				
	2005/6– 2016/3 全期間	2005/6– 2007/7 危機以前	2007/8– 2009/11 世界金融危機	2009/12– 2012/9 欧州債務危機	2012/10– 2016/3 アベノミクス期
対外証券投資・直接投資					
対外証券投資	0.473*** (0.115)	0.130 (0.174)	−1.104 (0.503)	0.429 (0.253)	0.671*** (0.079)
対外直接投資	1.750** (0.393)	−1.227 0.725	0.983 (1.267)	0.771 (0.891)	0.523 (0.661)
サンプル数	130	26	28	34	42
Adj R-squared（％）	22.42	14.70	9.63	2.66	69.36
対外証券投資（タイプ別）					
株式・投資ファンド持分	0.953*** (0.266)	2.165 (2.020)	−0.684 (1.174)	6.499*** (0.858)	1.203*** (0.111)
中長期債	0.131 (0.177)	0.314* (0.162)	−0.941 (0.602)	−0.347 (0.170)	0.380*** (0.102)
短期債	7.079** (2.070)	0.077 (3.345)	11.137 (8.109)	0.438 (3.049)	−7.189*** (1.143)
サンプル数	130	26	28	34	42
Adj R-squared（％）	23.17	4.52	15.31	64.15	87.15
対外証券投資（投資家別）					
預金機関	−0.403* (0.215)	−0.172 (0.236)	0.270 (0.567)	−0.359 (0.355)	0.305 (0.230)
年金	3.100*** (0.442)	−1.240 (2.319)	−1.770 (2.250)	7.329*** (2.314)	1.579*** (0.577)
証券会社	−1.152 (0.837)	5.291 (3.203)	0.266 (2.003)	2.385 (2.226)	−3.595*** (0.966)
生保	3.438*** (0.664)	3.240*** (1.054)	12.854*** (4.394)	−2.556** (1.015)	1.414*** (0.452)
投資信託	−0.164 (0.490)	−1.009 (1.713)	−13.610* (5.582)	0.862 (0.968)	2.383*** (0.669)
サンプル数	130	26	28	34	42
Adj R-squared（％）	39.03	56.12	23.81	50.74	85.70

注）1. *, **, *** はそれぞれ10％，5％，1％の有意水準において，係数が0であるという帰無仮説を統計的に棄却できないことを意味する。
　　2. （　）内は標準誤差を示す。

図表9 非居住者の対内証券投資・対内直接投資の推計結果

非居住者	ドル／円スワップ3カ月物ベーシス				
	2005/6–2016/3 全期間	2005/6–2007/7 危機以前	2007/8–2009/11 世界金融危機	2009/12–2012/9 欧州債務危機	2012/10–2016/3 アベノミクス期
対内証券投資・直接投資					
対内証券投資	−0.456*** (0.142)	−0.551** (0.224)	−0.198 (0.206)	0.439 (0.367)	0.287 (0.395)
対内直接投資	−1.771 (1.325)	−0.168 (0.627)	−8.997 (5.052)	9.935 (6.722)	−5.362* (2.654)
サンプル数	130	26	28	34	42
Adj R-squared（％）	6.30	13.93	12.13	9.74	10.24
対内証券投資（タイプ別）					
株式・投資ファンド持分	−1.205*** (0.211)	−0.555* (0.270)	0.743 (0.673)	−0.381 (0.712)	−0.699** (0.271)
中長期債	0.023 (0.223)	−0.493* (0.280)	−1.277* (0.591)	−0.702 (0.573)	1.330*** (0.293)
短期債	−0.020 (0.226)	−0.680* (0.367)	−0.015 (0.370)	0.598 (0.470)	0.271 (0.356)
サンプル数	130	26	28	34	42
Adj R-squared（％）	21.70	10.62	10.68	10.94	63.63

注）1. *，**，*** はそれぞれ10％，5％，1％の有意水準において，係数が0であるという帰無仮説を統計的に棄却できないことを意味する。
2. （ ）内は標準誤差を示す。

て拡大していた。海外勢による本邦資産取得の減少は円資金需要の低下を意味し，スワップ取引ではドル投／円転によるドル供給／円調達の減少となる。このためドル需給がタイト化してベーシスの拡大圧力を醸成した可能性がある。

　図表10は銀行等対外資産負債残高のデータを用いた推計結果である。(9)式の推計では，アベノミクス期において，中長期の外貨建て資産残高の上昇に沿う形でベーシスが拡大する傾向が示されている。外貨建て資産には，有価証券（短期債や中長期債）のみならず，銀行等による売掛金，未収金，貸

図表 10　銀行等対外資産負債残高による推計結果

	ドル／円スワップ3カ月物ベーシス				
	2005/6–2016/3 全期間	2005/6–2007/7 危機以前	2007/8–2009/11 世界金融危機	2009/12–2012/9 欧州債務危機	2012/10–2016/3 アベノミクス期
銀行等対外資産負債残高					
外貨建て資産 短期	2.426*** (0.315)	–0.450 (1.077)	4.702* (2.357)	2.392** (1.150)	–0.700 (0.597)
外貨建て資産 中長期	–0.562 (0.127)	–0.837*** (0.292)	2.462 (2.058)	–2.245*** (0.663)	1.013*** (0.252)
サンプル数	130	26	28	34	42
R-squared (%)	40.39	39.72	14.32	22.35	50.38
外貨建て負債 短期	0.081 (0.171)	–2.150*** (0.504)	–0.376 (1.334)	–3.157*** (0.860)	–2.460*** (0.416)
外貨建て負債 中長期	2.463** (1.052)	0.761 (0.928)	–11.400** (4.337)	–4.884 (4.798)	13.342*** (1.584)
サンプル数	130	26	28	34	42
R-squared (%)	14.09	50.8	18.42	25.80	82.52

注）1. *, **, *** はそれぞれ 10％, 5％, 1％の有意水準において、係数が 0 であるという帰無仮説を統計的に棄却できないことを意味する。
　　2. （　）内は標準誤差を示す。

付金など幅広い資産が含まれ，これら資産の保有拡大はドルのファンディング・ニーズを高め，ベーシスの拡大方向に作用したと考えられる。

（10）式の推計では，危機以前，欧州債務危機，アベノミクス期において，外貨建て短期負債残高がベーシスに対して負の影響力を持っている。外貨建て短期負債には外貨預金・譲渡性預金，短期買掛金，未払い金，借入金などが含まれる。本邦勢によるドル資金調達額を一定と仮定すると，外貨預金やドル建てコマーシャルペーパー等によるドル調達が減少すれば，為替スワップに対する依存度は必然的に高まりベーシスが拡大しやすい環境を招いたと推測される。期間1年超の預金や社債など外貨建て中長期負債は，世界金融危機時に負の相関を示している。しかし，アベノミクス期には正の相関を示しており上記の説明と矛盾する。一つの解釈として，アベノミクス期におい

ては外貨建て資産の増加が急ピッチで進む一方で，外貨預金の受け入れや社債発行など長期負債の取入れは増加していたものの，そのペースは資産拡大のペースに追い付かなかった可能性がある。

5. 分析の枠組み—第二段階

5.1 市場リスク，マーケット・インパクト，信用リスク格差

第二段階では，第一段階の結果を踏まえ，ベーシスに影響を及ぼしうる他の要因を含めて検討する。具体的には以下の説明変数を用いてベーシスを推定したあと，ユーロ債務危機およびアベノミクス期についてベーシスの推移を要因分解する。

[第二段階の説明変数]
市場リスク（ボラティリティ）：
オプション取引では，原資産価格の変動幅が大きいほどボラティリティは高まり，ボラティリティが高まれば，オプション価格のプレミアムは上昇する。この原則はドル／円スワップのベーシスにも応用できる。自国通貨である円を対価とする取引の市場リスクとして，円安方向へのボラティリティの高まりは，欧米金融機関が為替スワップの対価として受け取る円資金の担保価値が低下することを意味する。このため欧米金融機関はスワップ取引の締結時点においてプライシングを厳格化させ，本邦金融機関に対して追加的なリスク・プレミアムを要求すると予想される。結果的に本邦金融機関のドル調達コストは上昇する。本稿では，市場リスクの1つとしてボラティリティに注目し，ドル／円スポット・レートのヒストリカル・ボラティリティ（年率）[7]を説明変数として採用する。サンプルは対象期間の月間営業日数とした。

---

[7] ヒストリカル・ボラティリティは過去の為替レート変化率から計算される標準偏差（$\sigma = \sqrt{V}$）としてのボラティリティ。

マーケット・インパクト：
金融市場では，市場の流動性と比べ大規模な量の金融商品を一度に売買すると，需給バランスが崩れ価格が実勢以上に変化することが知られている。これは一般にマーケット・インパクトと呼ばれ，金融商品の売買に伴う取引コストの一つとして古くから知られている。本節では，本邦勢のドル資金需要と海外勢のドル資金供給余力のギャップにも注目する。具体的には，第一段階でベーシスに有意な影響を持つことが確認された外国株（株式・投資ファンド持ち分）と外国債券（中長期債）の月次ネット購入額（合計）をドル／円スワップの月中平均出来高で除した値を用い，マーケット・インパクトを表す変数の一つとする。マーケット・インパクトはボリュームリスクの概念に含まれるが，本節ではさらに，本邦金融機関の円投／ドル転残高[8] から外国金融機関のドル投／円転残高[9] を差し引いたネット円投残高（月末時点）を推計しボリュームリスクの代理変数とする。

金融機関の信用リスク格差：
民間金融機関の信用リスク格差を表す変数として，日米欧主要3行の5年物CDSスプレッドの平均値を使用する。具体的には，米銀主要3行のCDS平均値から邦銀主要3行CDS平均値を差し引いた値，および，欧州銀主要3行のCDS平均値から邦銀主要3行のCDS平均値を差し引いた値を用いる。

ソブリン信用リスク格差：
稲葉（2001）は母国通貨以外の通貨について，当該国の資金の出し手の決算期末などにはバランスシート制約の強まりから需給バランスが崩れやすく，結果として非居住者による調達コストが上昇する傾向があると指摘する。バランスシート制約との関連では，世界金融危機後にグローバルに厳格化が進展した金融機関に対する金融規制の影響を考慮にいれるべきであろう。淵田

---

[8] 円投残高は在日外銀の本支店勘定資産と邦銀海外店の本支店勘定負債の合計。
[9] 円転残高は在日外銀の本支店勘定負債と邦銀海外店の本支店勘定資産の合計。

(2011) は,金融規制は資金需要ニーズと資金供給ニーズをマッチさせるため,一定のポジションを取りつつ利益を上げるという金融業の本質的機能を一部制約すると指摘し,規制をバランスシートの縮小均衡を促す要因として位置付けている。バーゼルⅢの標準的手法では,シングルAまたはシングルAプラスの格付けを持つJGBのリスクウェイトは20％である。一方,ダブルAプラスまたはトリプルAの格付けを持つ米国債のリスクウェイトはゼロ％である。金融機関にとってJGBの保有は追加的な資本コストを発生させるため,特に四半期末に向けてはJGBや他の円資産を保有するインセンティブが低下すると予想される。本稿では,日米ソブリンCDSの格差を金融規制がもたらすバランスシート制約の一形態として位置付けベーシスとの関連を検証する。

以上5項目(6種類)の説明変数を用いて(11)式を推定する。

$$\text{ジャパン・プレミアム} = \alpha + \beta_1 (\text{ドル／円ヒストリカル・ボラティリティ})_t \\ + \beta_2 (\text{対外証券投資}/\text{スワップ出来高})_t + \beta_3 (\text{米銀CDS}-\text{邦銀CDS})_t + \beta_4 (\text{欧州銀CDS}-\text{邦銀CDS})_t \\ + \beta_5 (\text{円投残高}-\text{円転残高})_t + \beta_6 (\text{米国ソブリンCDS}-\text{日本ソブリンCDS})_t + \varepsilon t \qquad (11)$$

5.2 分析結果と考察

図表11は第二段階の推計結果を表したものである。市場リスクの変数であるドル／円ボラティリティはアベノミクス期において顕著に有意な影響力を持っている。これは円安による円資産の担保価値低下によってドル供給／円調達サイドの欧米金融機関がスワップ・スプレッドのプライシングを厳格化したことによるものと考えられる。この間,ドル／円スポット相場は2012年10月の78円付近から2015年6月の高値125.86円までドル高／円安方向に振れている。マーケット・インパクトの代理変数である対外証券投資のドル／円スワップ出来高比およびネット円投残高もまた,アベノミクス期のベーシスに有意な影響を及ぼしている。これは同期において,本邦勢のド

ル需要がドル／円スワップの市場規模や欧米金融機関のドル供給余力に対して過大であった可能性を示唆するものである。

マーケット・インパクトの影響については，ドル債投資のヘッジ手段としてスワップと並んで頻繁に活用されてきた米国債や米政府機関債のレポ取引の動向を考慮に入れるべきであろう。レポ取引は本邦金融機関の有力なヘッジ手段として利用されてきたが，2013年以降は米監督当局による補完的レバレッジ比率[10]の導入やレポ市場改革を受けて市場規模が大幅に縮小した。このため，それまではスワップとレポという2極に分散していたドル調達構造が2013年以降はスワップ取引に偏重した可能性がある。一方で，日銀によれば為替スワップの月中平均取引高はアベノミクス期で4.76兆ドルとユーロ危機期から7.5％しか伸びておらず，レポ市場の縮小によって炙り出されたヘッジニーズがスワップ市場に流入し，スワップ市場におけるドル需給の不均衡を際立たせている可能性がある。

信用リスクの代理変数である日米金融機関の信用格差は欧州債務危機時に有意な説明力を有するがアベノミクス期においては説明力を有しない。図表3では欧州債務危機が深刻化した2011年半ば以降に欧米銀，特に米銀のCDSスプレッドの上昇が顕著であり，日米金融機関の信用力格差は米銀のリスク・プレミアムの上昇に沿って拡大している。米銀の信用状況の悪化に伴い，短期金融市場ではドル資金調達に上乗せ金利が発生し，結果的にスワップ取引でのドル資金供給が細ってベーシスが押し上げられたと考えられる。

日米ソブリンリスク格差は欧州債務危機期及びアベノミクス期において顕著に有意な影響力を持っているが，この背景には金融規制の影響があるとみられる。2013年1月1日に段階的導入が開始されたバーゼルⅢ（2010）ではリスク資産の定義が厳格化され，金融機関はTier 1資本（普通株式等）を上

---

[10] 米連邦準備制度理事会は2013年7月，バーゼル銀行監督委員会が定めたレバレッジ比率の3％基準に上積みする形で，米銀上位8行の持ち株会社に最低5％，連邦預金保険の対象である銀行部門に最低6％の基準を適用することを提案した。米証券業金融市場協会（SIFMA）によればレポ市場の残高は2008年Q1の1日平均4.28兆ドルから2015年Q4に2.17兆ドルと半減した。

積みすることを義務づけられた。また，過大なリスクテイクを抑制するためにレバレッジ比率が導入された。レバレッジ比率は2010年12月のバーゼルⅢテキストに定められた新たな資本規制であり自己資本比率を補完するものとして位置付けられている[11]。ドル投／円転などのクロス・カレンシー・スワップは信用リスクと金利リスクを伴うためリスク資産に対する資本賦課を高めるほか，ノン・リスクベースのエクスポージャーを膨らませレバレッジ比率の達成を困難化するものである。JGBがシングルAクラスの格付けとなったことで資本賦課が一段と高まり，為替スワップのカウンターパーティである欧米金融機関においては，JGBを含む円資産保有を抑制するインセンティブが働くと推測される。自己資本規制とレバレッジ比率の報告頻度は四半期毎であり，四半期末に向かう期間においては潜在的なベーシスの押し上げ要因となり得ると考えられる。図表1では2015年のドル／円スワップのベーシスの上昇が四半期末毎に顕著となっていることが確認でき，上記予見と整合的である。

5.3　ベーシスの成分分解

5.1の整理に基づき，欧州債務危機期のドル／円スワップのベーシスを要因分解したものが図表12であり，アベノミクス期のベーシスを要因分解した結果が図表13である。欧州債務危機期においては，信用リスク格差がベーシスへ強い影響力を及ぼす一方で，その他の説明変数のベーシスへの寄与は総じて10 bp以下の低水準に収まっている。また，マーケット・インパクトを表す対外証券投資の対スワップ出来高比の有意性が確認できず，当時は本邦勢による証券投資額がドル／円スワップの市場規模に対して過大ではな

---

[11]　自己資本比率 $= \dfrac{\text{自己資本}}{\text{リスク・アセット}}$，レバレッジ比率 $= \dfrac{\text{自己資本}}{\text{ノン・リスクベースのエクスポージャー}}$。分母のエクスポージャー額はオンバランス，デリバティブ取引，レポ取引等の証券金融取引，オフバランスのエクスポージャーの合計として算出される。レバレッジ比率は2018年1月1日から最低基準（3％）を適用方針。レバレッジ比率3％以上はレバレッジ33倍以下と同義である。

図表11　ボラティリティ・市場リスク・信用リスクによる推計結果

	ドル／円スワップ3カ月物ベーシス		
	2009/12–2016/3 全期間	2009/12–2012/9 欧州債務危機	2012/10–2016/3 アベノミクス期
ドル／円ボラティリティ	−0.036 (0.424)	0.158 (0.463)	0.984** (0.493)
対外証券投資／スワップ出来高	0.050* (0.026)	0.006 (0.021)	0.093*** (0.032)
円投−円転	0.105** (0.043)	−0.028 (0.056)	0.244*** (0.055)
米銀−邦銀 CDS	0.024 (0.070)	0.499*** (0.067)	−0.275 (0.122)
欧州銀−邦銀 CDS	−0.110 (0.090)	−0.326*** (0.079)	−0.104 (0.108)
日米ソブリン格差	0.042 (0.107)	0.265** (0.096)	0.113* (0.208)
サンプル数	76	34	42
Adj R-squared（％）	21.33	68.01	65.30

注）1. *, **, *** はそれぞれ10％, 5％, 1％の有意水準において係数が0であるという帰無仮説を統計的に棄却できないことを意味する。
　　2. （　）内は標準誤差を示す。

かったと推測される。図表7では, 欧州債務危機期の2010年後半に, アベノミクス期に比肩するまたはそれを上回る規模で本邦勢が対外証券投資を行っていたことが確認できるが, ベーシスは当時最大で40 bp台前半に留まっていた。当時の邦銀の信用状況が欧米銀と比較してアベノミクス期よりさらに良好であったことや, レポ市場が潤沢な流動性を保っていたことがベーシスの拡大を抑制したと考えられる。

　アベノミクス期では, ネット円投残高とドル／円ボラティリティの寄与が大きい。さらに, 欧州債務危機時には有意ではなかった対外証券投資の対スワップ出来高比が, アベノミクス期にはベーシスの拡大方向に働いている。これらは, 対外投資に伴うドル調達額が市場規模や海外勢のドル供給余力に対して過大な水準に達していたことを示唆するものである。

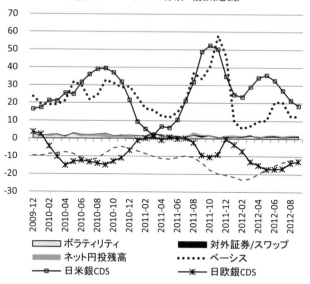

図表12 ベーシスの分解（欧州危機）

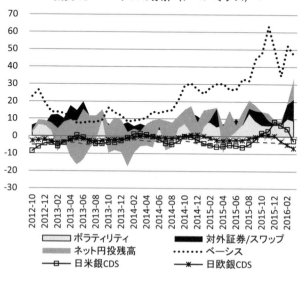

図表13 ベーシスの分解（アベノミクス）

信用リスク面では，欧州債務危機時のベーシス拡大に寄与した日米金融機関の信用力格差がアベノミクス期では影響力を失っている。他方，ソブリンリスク格差の寄与は両期間に観察される。これはグローバルな規制強化が進展する中での日本のソブリンリスクの上昇が，海外勢の円資産に対する安定的な需要を減退させたことに起因するものと考えられる。

6. おわりに

　本稿では，本邦勢のドル資金調達手段として広く利用されている為替スワップ取引に焦点を当て，2015年を中心に観察されたドル／円スワップ・スプレッドの理論値からの乖離（ベーシス，またはジャパン・プレミアム）を発生させた要因として，ドル調達の構造的な不均衡と市場リスクに着目し分析を行った。

　分析結果は，アベノミクス下で量的・質的金融緩和が推し進められた同期には，日本の投資家が対外投資に伴う為替リスクをヘッジする目的で円資金をドル資金に交換するニーズが，平均的なスワップ取引の出来高や海外勢のドル供給余力に対して過大となり，需給バランスがドル不足に偏り，結果としてベーシスが拡大した可能性を示唆するものである。

　為替スワップを利用したドル資金調達においては，構造的に不安定なドルの需給バランスに影響を及ぼす要因として，市場リスクや信用リスクの問題も避けて通れない。

　市場リスクでは，ドル／円相場のボラティリティが円安方向に拡大する際には，円資金の担保価値が低下するため海外勢のドル供給／円調達が慎重化しやすく，その帰結としてベーシスに拡大圧力が生じやすい。信用リスクについては，1990年代のジャパン・プレミアムに影響を及ぼした金融機関の信用リスク格差に代わって，世界金融危機後に厳格化した金融規制との関連でソブリンリスクの影響が注目される。

　バーゼルⅢで要請される自己資本の上積みやレバレッジの圧縮は，金融機関のミクロの行動メカニズムに働きかけ，バランスシート制約を強めるもの

である。金融規制は，バランスシート上の負担が大きい為替スワップ取引を圧縮することを促すほか，相対的にソブリンリスクが高い円資産を保有するインセンティブを低下させるものである。ドル／円スワップ取引においては，ドル需給のタイト化につながり，本邦勢のドル調達コストの上昇要因となりうる。

　以上，為替スワップ経由のドル調達は構造的な脆弱性を抱えるものであり，たとえ邦銀の信用リスクが安定し，金融市場がストレス状況に直面していなくても，本邦勢による活発な対外投資，円安方向のボラティリティ拡大，金融規制等により脆弱性が表面化すれば，ドル／円スワップのベーシスには拡大圧力が生じやすい。

　今後，ベーシスが縮小するためには，本邦勢の対外投資がボリューム面で縮小する，または，ドル建て預金の取入れやドル債の起債など他のヘッジ手段を拡張することが必要になるとみられるが，後者についてはコスト面から進捗が容易ではないとみられる。

参考文献

Basel Committee on Banking Supervision, Basel III: A Global Regulatory Framework for More Resilient Banks and Banking Systems, December 2010.

Fama, E.F. and K.R. French (1996), Multifactor Explanations of Asset Pricing Anomalies, *Journal of Finance*, Vol. 51, Issue 1, 55–84.

Goldberg, L.S., C. Kennedy and J. Miu (2011), Central Bank Dollar Swap Lines and Overseas Dollar Funding Costs, *FRBNY Policy Review*, May 2011.

Markowitz, H. (1952), Portfolio Selection, *Journal of Finance*, Vol. 7, Issue 1, 77–91.

Sharpe, W.F. (1964), Capital Asset Prices — A Theory of Market Equilibrium under Conditions of Risk, *Journal of Finance*, Vol. 19, Issue 3, 425–442.

Schwarz, K. (2015), Mind the Gap: Disentangling Credit and Liquidity in Risk Spreads, The Wharton School University of Pennsylvania.

Taylor, M. (1987), Covered interest parity: a high frequency, high-quality data study. *Econometrica* 54, 429–438.

Securities Industry and Financial Markets Association (2016), Financing by U.S. Government Securities Primary Dealers.

Taylor, M. (1989), Covered interest arbitrage and market turbulence. *Economic Journal* 99, 376–

391.

Taylor, J. and J. Williams (2008a), A Black Swan in the Money Market, Federal Reserve Bank of San Francisco, *Working Paper*.

Taylor, J. and J. Williams (2008b), Further Results on a Black Swan in the Money Market, Federal Reserve Bank of San Francisco, *Working Paper*.

花尻哲郎（1999），「3つのジャパン・プレミアム：97年秋と98年秋—市場間でのプレミアム格差はなぜ生じたのか—」日本銀行金融市場局ワーキングペーパーシリーズ99-J-4.

花尻哲郎（2000），「外貨調達プレミアム：マクロ的な調達構造の影響—日・米・英・独の比較—」日本銀行金融市場局ワーキングペーパーシリーズ2000-J-5.

稲葉圭一郎，紺野佐也子，福永憲高，清水季子（2001），「短期円資金市場の構造と最近の動向—無担保コール・ユーロ円・円／ドル為替スワップ市場間の裁定関係—」日本銀行金融市場局マーケットレビュー2001-J-5.

鈴木佳子（2013），「金融危機後の為替スワップ取引：理論値からの乖離の常態化は何を示唆するか」『三田学会雑誌』106巻2号，255–284頁.

淵田康之（2011），「規制強化と金融業への中長期的影響」『野村資本市場クォータリー』2011 Spring.

Summary

Japan Premium in 2014–2015: Examining the Structural Fragility of Dollar Funding via FX swaps

Yoshiko Suzuki (Keio University Graduate School of Economics)

This paper analyzes the factors behind the extra cost of dollar procurement or "basis" that occurred in dollar/yen swaps from mid-2014 until early 2016. Basis is called Japan premium in the late 1990s and generally discussed in connection with the deterioration of Japanese banks' credit quality. However, in spite of improved credit quality of the Japanese banks, basis is still exposed to upward pressure. This paper investigates the possibility that the structural vulnerability of the dollar procurement by Japanese investors, such as their demand for the dollar being too large for the dollar supply capacity of the Western banks and for the market scale.

会　報

【日本国際経済学会第74回全国大会】

　第74回全国大会は，2015年11月7日（土），8日（日）の両日，専修大学において開催された。学会員227名，韓国国際経済学会（KIEA）からの参加者8名の合計235名が参加した。第1日は自由論題の報告と討論，ポスター・セッション，会長講演，学会賞授与式，受賞者記念講演，共通論題の報告と討論・全体討論，および懇親会が行われた。新たな試みとして，ポスター・セッションの報告者全員に対し，各自1分間の「フラッシュ・トーク」の機会を設けた。第2日は自由論題の報告と討論が行われた。プログラムは次の通りである。タイトルの後に（E）がついている報告は，英語による発表である。

◆大会第1日　　2015年11月7日（土）◆
午前の部　自由論題（9：30 ～ 12：00）
　　　　　フラッシュトーク／ポスターセッション（12：10 ～ 13：30）
第1分科会　貿易理論1
　　　　　　　　　　座　長　名古屋大学　　柳瀬　明彦

1-1.　Effect of International Trade on Wage Inequality with Endogenous Productivity
　　　　　　　　　　報告者　一橋大学大学院　Tran Lam Anh Duong
　　　　　　　　　　推薦者　　　　　　　　古沢　泰治
　　　　　　　　　　討論者　福　島　大　学　荒　　知宏

1-2.　Export Decision, the Division of Labor, and Skill Intensity
　　　　　　　　　　報告者　京　都　大　学　新宅　公志
　　　　　　　　　　討論者　一　橋　大　学　杉田　洋一

1-3.　Trade, Capital Accumulation, and the Environment（E）
　　　　　　　　　　報告者　一　橋　大　学　李　　　綱
　　　　　　　　　　討論者　近　畿　大　学　森田　忠士

第2分科会　貿易実証1
　　　　　　　　　　座　長　学習院大学　　椋　　　寛

2-1.　Does Trade Liberalization Trigger Technology Upgrading?: Evidence from Indian Manufacturing Plants（E）
　　　　　　　　　　報告者　京都大学大学院　古田　　学

推薦者 佐藤　隆広
討論者　慶應義塾大学 清田　耕造

2-2. Global Value Chain and Economic Development（E）
報告者　一 橋 大 学 Ivan Deseatnicov
討論者　ｱｼﾞｱ経済研究所 田中　清泰

2-3. Pretrial Settlement with Imperfect Private Monitoring: WTO Trade Disputes（E）
報告者　Seoul National University Jee-Hyeong Park
討論者　学 習 院 大 学 椋　　　寛

第3分科会　国際金融1
座 長　埼 玉 大 学 田口　博之

3-1. The Elasticity of Intertemporal Substitution and the Wealth Inequality in A Global Economy
報告者　関 西 大 学 中元　康裕
討論者　神 戸 大 学 橋本　賢一

3-2. Monetary Policy Rule under Financial Deregulation in China
報告者　埼 玉 大 学 田口　博之
討論者　明 星 大 学 Vu Tuan Khai

3-3. The Impact of Financial Constraints on Exporting Firms' Exit during the Financial Crises
報告者　日 本 大 学 羽田　　翔
討論者　経済産業研究所 張　　紅咏

第4分科会　新興国経済
座 長　神 奈 川 大 学 鳴瀬　成洋

4-1. 「構造転換の世界経済と新興経済」に関する一試論
報告者　国 士 舘 大 学 平川　　均
討論者　立 教 大 学 櫻井　公人

4-2. 中国・金融「自由化」と人民元「国際化」の政治経済学―軋む金融経済システムと対外収支の悪化の中で―
報告者　京都女子大学 鳥谷　一生
討論者　獨 協 大 学 童　　適平

4-3. EUのエネルギー同盟・ロシアの東方シフト・中ロ経済協力の発展―ウクライナ危機とグローバル・パワーシフトの加速―
報告者　立 正 大 学 蓮見　　雄

会 報

討論者　大阪商業大学　　中津　孝司

第5分科会　WTO/FTA1

座　長　新潟県立大学　　若杉　隆平

5-1. Implications of the Trans-Pacific Partnership for Japan Agricultural Policy Reforms and Productivity Gains（E）

　　　　　報告者　名古屋市立大学　　板倉　　健
　　　　　討論者　慶應義塾大学　　　木村　福成

5-2. Reversal of Trade Creation and Trade Diversion due to Preferential Rules of Origin（E）

　　　　　報告者　Konkuk University　Honggue Lee
　　　　　討論者　千　葉　大　学　　石戸　　光

5-3. An Experimental Study on Internal and External Negotiation for Trade Agreements（E）

　　　　　報告者　University of Seoul　Hankyoung Sung
　　　　　討論者　慶應義塾大学　　　遠藤　正寛

第6分科会　直接投資／多国籍企業

座　長　九　州　大　学　　石田　　修

6-1. 直接投資の功罪の整理と課題の検討—ケニア人農民の生活向上への貢献を事例として—

　　　　　報告者　亜　細　亜　大　学　　佐々木　優
　　　　　討論者　千葉商科大学　　　　　吉田　　敦

6-2. レノボのバリュー・チェーン分析—スマートフォン事業を対象に—

　　　　　報告者　同志社大学大学院　　　程　　培佳
　　　　　推薦者　　　　　　　　　　　田淵　太一
　　　　　討論者　九州産業大学　　　　　中原裕美子

6-3. 日系自動車製造業企業の環境対応新工場戦略

　　　　　報告者　名古屋工業大学　　　　竹野　忠弘
　　　　　討論者　九　州　大　学　　　　石田　　修

フラッシュトーク／ポスターセッション（12：10～13：30）

座　長　上　智　大　学　　蓬田　守弘

1. イノベーションが経済発展に与える影響

　　　　　報告者　京　都　大　学　　　胡　　洪濱

2. 地域貿易協定における原産地規則の影響

　　　　　　　　　　　報　告　者　法　政　大　学　　　中岡　真紀
3. Heterogeneous Impacts of Investing China on Domestic Market Outcomes: Empirical Evidence from Taiwanese Plant level Data
　　　　　　　　　　　報　告　者　京　都　大　学　　　稲田　光朗
4. Strategic Relationship between Skill Investment and FDI
　　　　　　　　　　　報　告　者　大　阪　大　学　　　澤田有希子
5. The Endogenous Decisions of Unionization and International Trade in General Oligopolistic Equilibrium
　　　　　　　　　　　報　告　者　大　阪　大　学　　　佐野　穂先
6. Trade, Capital Accumulation, and the Environment
　　　　　　　　　　　報　告　者　一　橋　大　学　　　李　　綱
7. Does Trade Liberalization Trigger Technology Upgrading?: Evidence from Indian Manufacturing Plants
　　　　　　　　　　　報　告　者　京　都　大　学　　　古田　　学
8. 共有再生可能資源の各国管理と国際貿易
　　　　　　　　　　　報　告　者　専　修　大　学　　　小川　　健
昼食　　　12：40～13：30
理事会　　12：40～13：30（会場：10号館3階10304教室）
会長講演　13：40～14：10（会場：10号館3階10301教室）
学会賞授与式・受賞者記念講演　　14：10～15：10（会場：10号館3階10301教室）

午後の部　共通論題　新興国と世界経済の行方―貿易・金融・開発の視点
　　　　　（15：20 ～ 18：50）
　　　　　　　　　　　座　　長　大　阪　大　学　　　阿部　顕三
　　　　　　　　　　　　　　　　一　橋　大　学　　　小川　英治
第1報告　自由市場国と国家資本主義国の衝突と貿易摩擦
　　　　　　　　　　　報　告　者　神　戸　大　学　　　川島富士雄
　　　　　　　　　　　討　論　者　新潟県立大学　　　若杉　隆平
第2報告　先進国の量的緩和政策の新興国への影響～国際資本移動に伴う規制と課題
　　　　　　　　　　　報　告　者　立　命　館大　学　　　大田　英明
　　　　　　　　　　　討　論　者　東　洋　大　学　　　川崎健太郎
第3報告　アジア新興国における中所得国の罠

　　　　　　　　　　　　　報告者　早稲田大学　　トラン・ヴァン・トゥ
　　　　　　　　　　　　　討論者　立 教 大 学　　郭　　洋春
懇親会　　19：00〜20：30（会場：10号館4階　シダックス）

◆大会第2日　2015年11月8日（日）◆
午前の部　自由論題（9：30 〜 12：00）
第7分科会　アジア経済
　　　　　　　　　　　　　座　長　慶應義塾大学／東アジア・　木村　福成
　　　　　　　　　　　　　　　　　アセアン経済研究センター
7-1.　Impacts of Dollarization on Remittances of Cambodian Migrant Workers in Thailand（E）
　　　　　　　　　　　　　報告者　日本貿易振興機構　　久保　公二
　　　　　　　　　　　　　　　　　アジア経済研究所
　　　　　　　　　　　　　討論者　埼 玉 大 学　　Sovannroeun Samreth
7-2.　The Effect of Premature Deindustrialization on Labor Productivity and Economic Growth in Asia
　　　　　　　　　　　　　報告者　京都産業大学　　大坂　　仁
　　　　　　　　　　　　　討論者　青山学院大学　　森田　　充
7-3.　ASEAN＋3「地域通貨単位」に関する一考察
　　　　　　　　　　　　　報告者　亜 細 亜 大 学　　赤羽　　裕
　　　　　　　　　　　　　討論者　学 習 院 大 学　　清水　順子
第8分科会　地域経済
　　　　　　　　　　　　　座　長　九 州 大 学　　岩田　健治
8-1.　今次の一連の危機によるスイスへの影響〜リスク回避行動と，税逃れ対策の強化から
　　　　　　　　　　　　　報告者　保健医療経営大学　　藤田　憲資
　　　　　　　　　　　　　討論者　阪 南 大 学　　神沢　正典
8-2.　一物一価の法則についての実証分析―メキシコ国内35都市のケース―
　　　　　　　　　　　　　報告者　二松学舎大学　　咲川可央子
　　　　　　　　　　　　　討論者　駒 澤 大 学　　熊倉　正修
8-3.　欧州金融規制と銀行同盟―ECB・EBA・FSBの関係を中心に―
　　　　　　　　　　　　　報告者　金 沢 大 学　　佐藤　秀樹
　　　　　　　　　　　　　討論者　松 山 大 学　　松浦　一悦
第9分科会　国際金融2
　　　　　　　　　　　　　座　長　関 西 大 学　　高屋　定美

9-1. ヨーロッパにおけるマイナス金利政策と為替レート
　　　　　　　　　　　報告者　東洋大学　　　川野　祐司
　　　　　　　　　　　討論者　関西大学　　　高屋　定美
9-2. 「ドル通貨制」期の沖縄における通貨制度—実体からみる視点とその現代的意義
　　　　　　　　　　　報告者　立教大学　　　星野　智樹
　　　　　　　　　　　討論者　関東学院大学　田中　綾一
9-3. バブルか「デフレ」か—2極間で揺れる現世界経済の不安定構造を「地球的供給制約下のスタグフレーション構造」の視点からみる—
　　　　　　　　　　　報告者　元東京大学　　安保　哲夫
　　　　　　　　　　　討論者　立命館大学　　西村　陽造

第10分科会　貿易理論2
　　　　　　　　　　　座　長　京都大学　　　神事　直人

10-1. The Impact of Labor Market Frictions on Industrial Agglomeration
　　　　　　　　　　　報告者　一橋大学大学院　加藤　隼人
　　　　　　　　　　　推薦者　石川　城太
　　　　　　　　　　　討論者　九州産業大学　今　喜史

10-2. Consumer's Enthusiasm and Trade-triggered Short-run Price Increasing Competition of Horizontally Differentiated Goods
　　　　　　　　　　　報告者　金沢星稜大学　西村めぐみ
　　　　　　　　　　　討論者　京都産業大学　大川　良文

10-3. Demand for Secondhand Goods and Consumers' Preference in Developing Countries: An Analysis Using the Field Experimental Data of Vietnamese Consumers
　　　　　　　　　　　報告者　関西学院大学　東田　啓作（小田賞受賞者）
　　　　　　　　　　　討論者　東北大学　　　日引　聡

第11分科会　貿易実証2
　　　　　　　　　　　座　長　一橋大学　　　古沢　泰治

11-1. ICT, Offshoring, and the Demand for Part-time Workers: The Case of Japanese Manufacturing
　　　　　　　　　　　報告者　神戸大学　　　丸山佐和子
　　　　　　　　　　　討論者　一橋大学　　　冨浦　英一

11-2. Offshoring, Relationship-Specificity, and Domestic Production Networks
　　　　　　　　　　　報告者　学習院大学　　乾　友彦

　　　　　　　　　　討論者　東京学芸大学　　伊藤由希子
　11-3. World Trade Flows in Photovoltaic Cells: A Gravity Approach Including Bilateral Tariff Rates
　　　　　　　　　　報告者　東京国際大学　　松村　敦子
　　　　　　　　　　討論者　九 州 大 学　　石田　　修
昼食　　　12：10～13：00
理事会　　12：10～13：00（会場：10号館3階10304教室）
会員総会　13：00～13：30（会場：10号館3階10301教室）

午後の部　自由論題（13：40 ～ 16：10）
第12分科会　アメリカ経済
　　　　　　　　　　座　長　駒澤大学　　　　瀬戸岡　紘
　12-1. アメリカにおける純投資の変動
　　　　　　　　　　報告者　獨 協 大 学　　本田　浩邦
　　　　　　　　　　討論者　一 橋 大 学　　石倉　雅男
第13分科会　開発経済
　　　　　　　　　　座　長　京都産業大学　　大坂　　仁
　13-1. Agricultural Productivity, Infrastructures, and the Optimal Timing of Opening Trade
　　　　　　　　　　報告者　京 都 大 学　　佐々木啓明
　　　　　　　　　　討論者　名 古 屋 大 学　柳瀬　明彦
　13-2. Poverty Reduction Through Social Business in Developing Countries
　　　　　　　　　　報告者　金沢星稜大学　　ジョマダル ナシル
　　　　　　　　　　討論者　京都産業大学　　大坂　　仁
　13-3. 異能の政治経済学者ハーシュマンの理論と思想―再評価と現代的意義―
　　　　　　　　　　報告者　名古屋外国語大学　高橋　直志
　　　　　　　　　　討論者　高崎経済大学　　矢野　修一
第14分科会　貿易実証3
　　　　　　　　　　座　長　法 政 大 学　　武智　一貴
　14-1. Non-harmonised Mandatory Standards as Non-Tariff Barriers: Experience from Japanese Imports
　　　　　　　　　　報告者　日 本 大 学　　井尻　直彦
　　　　　　　　　　討論者　明 海 大 学　　中澤　栄一

14-2. Regional Variations in Productivity Premium of Exporters: Evidence from Japanese Plant-level Data

     報告者 慶應義塾大学 大久保敏弘

     討論者 早 稲 田 大 学 戸堂　康之

14-3. 東日本大震災後における輸出の外延と内延への分解

     報告者 横浜国立大学 桑波田浩之

              （小島清賞優秀論文賞受賞者）

     討論者 慶應義塾大学 松浦　寿幸

第15分科会 WTO/FTA2

     座　長 南 山 大 学 太田代（唐澤）幸雄

15-1. 日本の経済連携協定（EPA）における食料輸出規制の規律：日豪EPA食料供給章の批判的評価

     報告者 明 治 大 学 作山　　巧

     討論者 拓 殖 大 学 吉野　文雄

15-2. Labor Clauses in Regional Trade Agreements and Effects on Labor Conditions: An Empirical Analysis

     報告者 神 戸 大 学 鎌田伊佐生

     討論者 アジア経済研究所 佐藤　仁志

15-3. Firm-level Trade Creation and Diversion

     報告者 アジア経済研究所 早川　和伸

     討論者 慶應義塾大学 清田　耕造

【日本国際経済学会第6回春季大会】

　第6回春季大会は，2015年6月4日（土）に学習院大学において開催され，分科会，特別講演および懇親会が行われた。プログラムは次の通りである。報告者名の後の（E）は英語で，〈J〉は求職活動の一環として発表が行われたことを表している。

午前の部（10：15 ～ 12：45）

分科会A 貿易理論

     座　長 京 都 大 学 神事　直人

A-1 A Solution to the Melitz-Trefler Puzzle

     報告者 一 橋 大 学 杉田　洋一（E）

　　　　　　　　　　　討論者　早稲田大学　　内藤　　巧

A-2　Comparative Advantage and International Risk Sharing: Together at Last
　　　　　　　　　　　報告者　東 京 大 学　　Konstantin KUCHERYAVYY
　　　　　　　　　　　　　　　　　　　　　　　（E）
　　　　　　　　　　　討論者　上 智 大 学　　濱野　正樹

A-3　Welfare Analysis in the Krugman (1979) Model
　　　　　　　　　　　報告者　京 都 大 学　　新宅　公志〈J〉
　　　　　　　　　　　討論者　専 修 大 学　　吾郷　貴紀

分科会 B　経済開発・国際分業
　　　　　　　　　　　座　長　立 教 大 学　　櫻井　公人

B-1　グローバル・バリュー・チェーンとは何か
　　　　　　　　　　　報告者　同志社大学大学院生　程　　培佳
　　　　　　　　　　　推薦者　同 志 社 大 学　田淵　太一
　　　　　　　　　　　討論者　大阪市立大学　　高橋　信弘

B-2　インド自動車部品産業の対外経済活動と生産性：企業データを利用した実証分析
　　　　　　　　　　　報告者　神 戸 大 学　　佐藤　隆広
　　　　　　　　　　　討論者　兵庫県立大学　　西山　博幸

B-3　ケニアにおけるコメ増産支援の意義と諸問題の考察―農民の貧困にもたらす影響を中心として―
　　　　　　　　　　　報告者　亜 細 亜 大 学　佐々木　優〈J〉
　　　　　　　　　　　討論者　千 葉 大 学　　妹尾　裕彦

分科会 C　グローバル化と労働市場
　　　　　　　　　　　座　長　中 央 大 学　　田中　鮎夢

C-1　On the Demand for Female Workers in Japan: The Role of ICT and Offshoring
　　　　　　　　　　　報告者　神 戸 大 学　　丸山佐和子
　　　　　　　　　　　討論者　東京学芸大学　　伊藤由希子

C-2　Trade Liberalization and Wage Inequality in the Indian Manufacturing Sector
　　　　　　　　　　　報告者　京都大学大学院生　古田　　学〈J〉
　　　　　　　　　　　推薦者　神 戸 大 学　　佐藤　隆広
　　　　　　　　　　　討論者　中 央 大 学　　田中　鮎夢

C-3　Temporary Jobs and Globalization
　　　　　　　　　報告者　日本貿易振興機構アジア経済研究所　佐藤　仁志
　　　　　　　　　討論者　神 戸 大 学　　稲葉　千尋

分科会 D　Distance, Gravity and Trade
　　　　　　　　　座　長　学 習 院 大 学　　伊藤　匡

D-1　The Quality of Distance: Quality Sorting, the Alchian-Allen Effect, and Geography
　　　　　　　　　報告者　法 政 大 学　　武智　一貴 (E)
　　　　　　　　　討論者　東 北 大 学　　中島賢太郎

D-2　Why Do Provinces Engage in Two Way Trade?: Revisiting the Role of Distance on Geographical Price Dispersions of Rice in the Philippines
　　　　　　　　　報告者　東京大学大学院生　Olivia QUEK (E) 〈J〉
　　　　　　　　　推薦者　東 京 大 学　　澤田　康幸
　　　　　　　　　　　　　東 京 大 学　　Michal FABINGER
　　　　　　　　　討論者　法 政 大 学　　武智　一貴

D-3　Comparing the Impact of Japanese EPAs Using Novy's (2013) Measure
　　　　　　　　　報告者　横浜国立大学　　Craig PARSONS (E)
　　　　　　　　　討論者　日本貿易振興機構アジア経済研究所　早川　和伸

分科会 E　International Networks of Firms
　　　　　　　　　座　長　慶応義塾大学　　清田　耕造

E-1　Can Seminars for Export Promotion Work for SMEs through Inter-Firm Networks? Evidence from a Randomized Controlled Trial in Vietnam
　　　　　　　　　報告者　早 稲 田 大 学　　戸堂　康之 (E)
　　　　　　　　　討論者　慶応義塾大学　　清田　耕造

E-2　Overseas Expansion and Domestic Business Restructuring in Japanese Firms
　　　　　　　　　報告者　経済産業研究所　　池内　健太 (E)
　　　　　　　　　討論者　青山学院大学　　伊藤　萬里

E-3　Firms Strategy and Investment Policy for Value Added in Southeast Asia: Case on Japan-ASEAN4 Automotive and Electronics Production Network
　　　　　　　　　報告者　立命館大学大学院生　Riza Noer ARFANI (E)
　　　　　　　　　推薦者　立 命 館 大 学　　大田　英明
　　　　　　　　　討論者　一 橋 大 学　　冨浦　英一

昼食　　12：45～14：15

会　報

理事会　　13：00〜14：00（会場：南2号館4階　第1会議室）

午後の部（14：15 〜 16：45）
分科会F　貿易政策
　　　　　　　　　　　座　長　東北学院大学　　倉田　　洋
　F-1　Gravity with Multiple Tariff Schemes
　　　　　　　　　　　報告者　南　山　大　学　吉見　太洋
　　　　　　　　　　　討論者　中　央　大　学　小森谷徳純
　F-2　Utilization on Multiple Schemes of Preferences
　　　　　　　　　　　報告者　日本貿易振興機構アジア経済研究所　早川　和伸
　　　　　　　　　　　討論者　学　習　院　大　学　椋　　寛
　F-3　Taxes and Entry Mode Decision in Multinationals: Export and FDI with and without Decentralization
　　　　　　　　　　　報告者　中　央　大　学　小森谷徳純（E）
　　　　　　　　　　　討論者　東北学院大学　　倉田　　洋

分科会G　Spillovers from Foreign Direct Investment
　　　　　　　　　　　座　長　東京学芸大学　　伊藤由希子
　G-1　Identifying FDI Spillovers
　　　　　　　　　　　報告者　早稲田大学　　　朱　連明（E）
　　　　　　　　　　　討論者　武　蔵　大　学　鈴木　　唯
　G-2　The Impact of Foreign Direct Investment on Vertical Linkages in the Host Country
　　　　　　　　　　　報告者　慶應義塾大学　　加藤　隼人（E）
　　　　　　　　　　　討論者　福　島　大　学　荒　知宏

分科会H　国内政策と国際経済
　　　　　　　　　　　座　長　学習院大学　　　清水　順子
　H-1　Standards and International Trade between Japan and the European Union
　　　　　　　　　　　報告者　日　本　大　学　羽田　　翔
　　　　　　　　　　　討論者　明治学院大学　　佐々木百合
　H-2　Optimal R&D Policies under Process and Product R&D
　　　　　　　　　　　報告者　早稲田大学　　　田場　弓子〈J〉
　　　　　　　　　　　討論者　京　都　大　学　神事　直人

分科会 I　開放マクロ経済

　　　　　　　　　　　座　長　一 橋 大 学　　祝迫　得夫

I-1　Are Insurance Companies Susceptible to Systemic Risk?

　　　　　　　　　　　報告者　武 蔵 大 学　　大野　早苗
　　　　　　　　　　　討論者　関 西 大 学　　髙屋　定美

I-2　International Money and Keynes

　　　　　　　　　　　報告者　東京国際大学　　松井　均
　　　　　　　　　　　討論者　京 都 大 学　　岩本　武和

I-3　Dynamic Analysis of a Health Status in a Small Open Economy

　　　　　　　　　　　報告者　関 西 大 学　　中元　康裕
　　　　　　　　　　　討論者　明 星 大 学　　中田　勇人

分科会 J　Developing Economies

　　　　　　　　　　　座　長　獨 協 大 学　　木原　隆司

J-1　Dutch Disease in Mongolia: An Empirical Evidence

　　　　　　　　　　　報告者　横浜国立大学大学院生　　Enkhmaa BATTOGTVOR（E）
　　　　　　　　　　　推薦者　横浜国立大学　　Craig PARSONS
　　　　　　　　　　　討論者　環日本海経済研究所　　Sh エンクバヤル

J-2　International Trade Costs and Conflict

　　　　　　　　　　　報告者　横浜国立大学大学院生　　Simba MUTSVANGWA（E）〈J〉
　　　　　　　　　　　推薦者　横浜国立大学　　Craig PARSONS
　　　　　　　　　　　討論者　獨 協 大 学　　木原　隆司

J-3　Aid Targeting and Political Connection

　　　　　　　　　　　報告者　名古屋市立大学　　樋口　裕城（E）
　　　　　　　　　　　討論者　成 城 大 学　　庄司　匡宏

特別講演（17：00 ～ 18：00）

　　　　　　　　　　　座　長　一 橋 大 学　　冨浦　英一

演題「TPP：国際経済学的視点」

　　　　　　　　　　　講演者　学習院大学　　伊藤　元重

懇親会　18：15～19：45（学習院創立百周年記念会館4階）

会　報

【会員総会の議事と決定】
会員総会（第74回全国大会第2日）
　日本国際経済学会第74回全国大会第2日の会員総会（開催日時：2015年11月8日（日）13：00～13：30，場所：専修大学生田キャンパス10号館3階10301教室）は，当日昼食時に開かれた理事会の提案議事に従い，石川城太会長（一橋大学）を議長として開催され，以下の承認・発表が行われた。
1. 平成26（2014）年度事業報告について
　　石川城太会長（一橋大学）より以下の通り報告があった。
　　(1) 第4回春季大会開催（2014年6月7日　法政大学）
　　(2) 第73回全国大会開催（2014年10月25–26日　京都産業大学）
　　(3) 機関誌『国際経済（日本国際経済学会研究年報）』第65巻発行
　　(4) 機関誌『The International Economy』No. 17発行
　　(5) 第10回小島清賞各賞及び第5回特定領域研究奨励賞（小田賞）の授賞
　　(6) 韓国国際経済学会への研究者の派遣
2. 平成26（2014）年度一般会計決算案について
　　遠藤正寛常任理事（慶應義塾大学）より標記について説明があり，審議した結果，これを承認した。【「日本国際経済学会ニュース」2015年9月24日号参照】
3. 平成26（2014）年度特別事業活動基金決算案について
　　遠藤正寛常任理事（慶應義塾大学）より標記について説明があり，審議した結果，これを承認した。【「日本国際経済学会ニュース」2015年9月24日号参照】
4. 平成26（2014）年度小島清基金決算案について
　　遠藤正寛常任理事（慶應義塾大学）より標記について説明があり，審議した結果，これを承認した。【「日本国際経済学会ニュース」2015年9月24日号参照】
5. 平成27（2015）年度事業案について
　　石川城太会長（一橋大学）より以下の通り説明があり，審議した結果，これを承認した。
　　(1) 第5回春季大会開催（2015年6月13日　阪南大学）
　　(2) 第74回全国大会開催（2015年11月7–8日　専修大学）
　　(3) 機関誌『国際経済（日本国際経済学会研究年報）』第66巻発行
　　(4) 機関誌『The International Economy』Vol. 18発行
　　(5) 第10回小島清賞各賞及び第5回特定領域研究奨励賞（小田賞）の授賞
　　(6) 韓国国際経済学会への研究者の派遣

6. 平成 27（2015）年度一般会計予算案について

   遠藤正寛常任理事（慶應義塾大学）より標記について説明があり，審議した結果，これを承認した。【「日本国際経済学会ニュース」2015 年 9 月 24 日号参照】

7. 平成 27（2015）年度特別事業活動基金予算案について

   遠藤正寛常任理事（慶應義塾大学）より標記について説明があり，審議した結果，これを承認した。【「日本国際経済学会ニュース」2015 年 9 月 24 日号参照】

8. 第 10 回日本国際経済学会小島清賞研究奨励賞および優秀論文賞の受賞者の発表について

   石川城太会長（一橋大学）より標記について，研究奨励賞には木村福成氏（慶應義塾大学）が，優秀論文賞に桑波田浩之氏（横浜国立大学）が，それぞれ選考されたとの発表があった。【「日本国際経済学会ニュース」2015 年 12 月 21 日号参照】

9. 第 5 回日本国際経済学会特定領域研究奨励賞（小田賞）の受賞者の発表について

   石川城太会長（一橋大学）より標記について，東田啓作氏（関西学院大学）が選考されたとの発表があった。【「日本国際経済学会ニュース」2015 年 12 月 21 日号参照】

10. 新入会員の発表について

    石川城太会長（一橋大学）より標記について，（「日本国際経済学会ニュース」2015 年 9 月 24 日号に掲載された 12 名に加えて）当日の理事会において 14 名（うち再入会 1 名，法人維持会員 1 件）の入会申し込みが承認されたとの報告があった。【「日本国際経済学会ニュース」2015 年 9 月 24 日号および 2015 年 12 月 21 日号参照】

11. 特命理事の指名について

    石川城太会長（一橋大学）より標記について，伊藤恵子氏（専修大学）を特命理事に追加指名したとの発表があった。

12. 幹事の追加について

    石川城太会長（一橋大学）より標記について，伊藤萬里氏（専修大学）を幹事に追加任命したこと，在外研究のため不在となる立石剛氏（西南学院大学）に代わり松石達彦氏（久留米大学）を関西支部の幹事に任命したことについて報告があった。

13. 役員の職務分担について

    石川城太会長（一橋大学）より標記について，学会ニュースに詳細を発表したとの報告があった。【「日本国際経済学会ニュース」2015 年 1 月 14 日号参照】

14. 第 6 回春季大会（2016 年）開催機関について

    石川城太会長（一橋大学）より標記について，学習院大学において 2016 年 6 月 4 日（土）に開催する予定であることが発表された。大会準備委員長は乾友彦幹事，事務

局長は椋寛理事とするとの発表があった。

プログラム委員会は，冨浦英一理事（一橋大学），伊藤由希子氏（東京学芸大学），大久保敏弘氏（慶応義塾大学），小林尚朗氏（明治大学商学部），清水順子氏（学習院大学）の5名で構成するとともに，委員長は冨浦英一理事（一橋大学）とすることが発表された。【「日本国際経済学会ニュース」2015年12月21日号参照】

15. 第75回全国大会（2016年）開催機関について

石川城太会長（一橋大学）より標記について，中京大学において2016年10月29日（土），30日（日）に開催する予定であることが発表された。大会準備委員会は，近藤健児，増田淳矢，都丸善央（以上中京大学），柳原光芳（名古屋大学），川端康（名古屋市立大学），平岩恵理子（南山大学），伊澤俊泰（名古屋学院大学）の7名で構成するとともに，大会準備委員長は近藤健児常任理事とすることが発表された。【「日本国際経済学会ニュース」2015年12月21日号参照】

16. 第75回全国大会「プログラム委員会」の委員長および委員の発表について

石川城太会長（一橋大学）より，標記のプログラム委員会は，開催地域支部である中部支部から太田代（唐澤）幸雄幹事（南山大学），竹野忠弘理事（名古屋工業大学），古川雄一氏（中京大学），柳瀬明彦理事（名古屋大学）の4名，およびその他の支部からの委員として，板木雅彦理事（立命館大学），浦田秀次郎常任理事（早稲田大学），小川英治監事（一橋大学）の3名の計7名で構成するとともに，プログラム委員長は柳瀬明彦理事（名古屋大学）とすることが発表された。【「日本国際経済学会ニュース」2015年12月21日号参照】

17. 平成27年度韓国国際経済学会派遣研究者について

石川城太会長（一橋大学）より標記について，伊藤匡氏（日本貿易振興機構アジア経済研究所），伊澤俊泰氏（名古屋学院大学），市野泰和氏（甲南大学）の3名を派遣することが発表された。【「日本国際経済学会ニュース」2015年12月21日号参照】

18. その他

石川城太会長（一橋大学）より，伊藤恵子委員長（専修大学）をはじめとする第74回全国大会準備委員会および開催校である専修大学のスタッフに対して謝辞が述べられた。伊藤恵子委員長（専修大学）から挨拶があった。

【役員名簿】(2014 年 10 月～ 2016 年 10 月)

会長（定員 1 名）
　　石川　城太（一橋大学）

副会長（定員 1 名）
　　中西　訓嗣（神戸大学）

常任理事（定員 10 名）
　　青木　浩治（甲南大学）　　　馬田　啓一（杏林大学）
　　浦田秀次郎（早稲田大学）　　遠藤　正寛（慶應義塾大学）
　　岡本　久之（兵庫県立大学）　近藤　健児（中京大学）
　　櫻井　公人（立教大学）　　　中本　悟（立命館大学）
　　春名　章二（岡山大学）　　　古沢　泰治（一橋大学）

理事（定員 24 名）
　　石田　修（九州大学）　　　　板木　雅彦（立命館大学）
　　井上　博（阪南大学）　　　　大川　良文（京都産業大学）
　　郭　洋春（立教大学）　　　　上川　孝夫（横浜国立大学）
　　小森谷徳純（中央大学）　　　神事　直人（京都大学）
　　妹尾　裕彦（千葉大学）　　　大東　一郎（慶應義塾大学）
　　高橋　信弘（大阪市立大学）　武智　一貴（法政大学）
　　竹野　忠弘（名古屋工業大学）冨浦　英一（一橋大学）
　　内藤　巧（早稲田大学）　　　中嶋　慎治（松山大学）
　　鳴瀬　成洋（神奈川大学）　　新岡　智（関東学院大学）
　　蓮見　雄（立正大学）　　　　東田　啓作（関西学院大学）
　　増田　正人（法政大学）　　　椋　寛（学習院大学）
　　柳瀬　明彦（名古屋大学）　　蓬田　守弘（上智大学）

特命理事
　　柴山　千里（小樽商科大学）　伊藤　恵子（専修大学）
　　趙　来勲（神戸大学）

会　報

監事（若干名）
　　小川　英治（一橋大学）　　　　柳原　光芳（名古屋大学）
　　広瀬　憲三（関西学院大学）

幹事（定員約20名，＊印は常任幹事）
【関東支部】
　　伊藤　萬里（青山学院大学）　　乾　　友彦（学習院大学）
　　川野　祐司（東洋大学）　　　　清田　耕造＊（慶應義塾大学）
　　澤田　康幸（東京大学）　　　　芹澤　伸子（新潟大学）
　　古川　純子（聖心女子大学）
【中部支部】
　　伊澤　俊泰（名古屋学院大学）　太田代（唐澤）幸雄（南山大学）
　　川端　　康（名古屋市立大学）
【関西支部】
　　伊田　昌弘（阪南大学）　　　　川越　吉孝（京都産業大学）
　　斉藤　宗之（奈良県立大学）　　柴田　　孝（大阪商業大学）
　　西山　博幸（兵庫県立大学）　　松石　達彦（久留米大学）
　　松永　　達（福岡大学）　　　　丸山佐和子（神戸大学）

顧問
　　渡辺福太郎（学習院大学名誉教授）　本山　美彦（大阪産業大学）
　　池間　　誠（一橋大学名誉教授）　　井川　　宏（京都産業大学）
　　大山　道広（慶應義塾大学名誉教授）関下　　稔（立命館大学）
　　田中　素香（中央大学）　　　　　　阿部　顕三（大阪大学）
　　木村　福成（慶應義塾大学）　　　　岩本　武和（京都大学）

出版委員会
　　委員長　　　古沢　泰治（一橋大学）
　　副委員長　　近藤　健児（中京大学）
　　委員　　　　青木　浩治（甲南大学）　　　　石田　　修（九州大学）
　　　　　　　　浦田秀次郎（早稲田大学）　　　大川　昌幸（立命館大学）
　　　　　　　　小川　英治（一橋大学）　　　　櫻井　公人（立教大学）

　　　　　　　　中條　誠一（中央大学）　　　　中本　悟（立命館大学）
　　　　　　　　東田　啓作（関西学院大学）　　藪内　繁己（愛知大学）
　　　幹事　　　澤田　康幸（東京大学）　　　　柴田　孝（大阪商業大学）

小島清基金運営委員会
　　　委員長　　岩本　武和（京都大学）
　　　委員　　　阿部　顕三（大阪大学）　　　　浦田秀次郎（早稲田大学）
　　　　　　　　大川　昌幸（立命館大学）　　　神事　直人（京都大学）〈事務局長〉
　　　　　　　　多和田　眞（愛知学院大学）　　古沢　泰治（一橋大学）

特定領域研究奨励賞（小田賞）審査委員会
　　　委員長　　石川　城太（一橋大学）
　　　委員　　　冨浦　英一（一橋大学）　　　　近藤　健児（中京大学）
　　　　　　　　春名　章二（岡山大学）

その他日本国際経済学会関係者
日本経済学会連合評議員　　　馬田　啓一（杏林大学）　　　浦田秀次郎（早稲田大学）

【役員の業務分担】（◎印は責任者）
　　　　　　　　　　　　　【関東支部】　　　　【中部支部】　　　【関西支部】
本部関係
〈総務担当〉
　常任理事　　　　◎遠藤　正寛　　　　近藤　健児　　　　岡本　久之
　理事　　　　　　　郭　洋春　　　　　　　　　　　　　　神事　直人
　　　　　　　　　　大東　一郎
　幹事　　　　　　　　　　　　　　　　　　　　　　　　　斉藤　宗之
ニュース・HP
　常任理事　　　　◎櫻井　公人
　理事　　　　　　小森谷徳純　　　　柳瀬　明彦　　　　大川　良文
　　　　　　　　　　内藤　巧
　幹事　　　　　　　　　　　　　　　川端　康　　　　　伊田　昌弘
　　　　　　　　　　　　　　　　　　　　　　　　　　　　川越　吉孝

会　報

会員名簿
　理事　　　　　　　◎鳴瀬　成洋　　　竹野　忠弘　　　板木　雅彦
　　　　　　　　　　　妹尾　裕彦　　　　　　　　　　　高橋　信弘
〈財務担当〉
　常任理事　　　　　◎冨浦　英一　　　　　　　　　　　青木　浩治
　理事　　　　　　　　椋　　　寛　　　柳瀬　明彦
　幹事　　　　　　　　清田　耕造
〈編集・出版担当〉
　常任理事　　　　　◎古沢　泰治　　　近藤　健児　　　石田　　修
　理事　　　　　　　　　　　　　　　　　　　　　　　　東田　啓作
　幹事　　　　　　　　澤田　康幸　　　　　　　　　　　柴田　　孝
〈企画・渉外担当〉
　常任理事　　　　　◎馬田　啓一　　　　　　　　　　　中本　　悟
　特命理事　　　　　　柴山　千里　　　　　　　　　　　趙　　来勲
　　　　　　　　　　　伊藤　恵子
　理事　　　　　　　　新岡　　智　　　竹野　忠弘　　　春名　章二
　　　　　　　　　　　増田　正人
　　　　　　　　　　　蓮見　　雄
〈監査〉
　監事　　　　　　　◎小川　英治　　　柳原　光芳　　　広瀬　憲三
　支部関係
　常任理事　　　　　◎浦田秀次郎　　　近藤　健児
　理事　　　　　　　　武智　一貴　　　　　　　　　　　井上　　博
　　　　　　　　　　　蓬田　守弘　　　　　　　　　　　中嶋　慎治
　　　　　　　　　　　上川　孝夫
　幹事　　　　　　　　乾　　友彦　　　太田代（唐澤）幸雄　松石　達彦
　　　　　　　　　　　川野　祐司　　　伊澤　俊泰　　　西山　博幸
　　　　　　　　　　　芹澤　伸子　　　　　　　　　　　松永　　達
　　　　　　　　　　　古川　純子　　　　　　　　　　　丸山佐和子
　　　　　　　　　　　伊藤　萬里

171

《各支部の活動報告》

【関東支部】

◎定例研究会

 日時 2015年10月17日（土）午後2時～5時

 会場 東洋大学白山キャンパス5号館3階5310教室

 報告1 The Effect of Exchange Rate Changes on the Japanese Manufacturing Exports (E)

                   加藤 篤行（早稲田大学）

 報告2 Understanding the Cross-country Productivity Gap of Exporters (E)

                   清田 耕造（慶應義塾大学）

◎定例研究会

 日時 2015年12月19日（土）午後2時～6時

 会場 東洋大学白山キャンパス5号館3階5310教室

 報告1 Impact of Import Delay on Export Patterns

              早川 和伸（日本貿易振興機構・アジア経済研究所）

 報告2 Open-Access Renewable Resources and Urban Unemployment: The Small Open Economy Case   大東 一郎（慶應義塾大学）

 報告3 コンテナ物流革命と，グローバル地域発展空間構造の再編

                   松尾 昌宏（桜美林大学）

◎新春特別シンポジウム『2016年世界経済の重要な論点：アジア経済の視点から』

 日時 2016年1月9日（土）午後2時～5時

 会場 東洋大学白山キャンパス5号館3階5310教室

 報告1 一帯一路開放戦略と東アジアへの影響   張 紀潯（城西大学）

 報告2 ASEAN Economic Community 2015 and Economic Integration in East Asia (E)

               磯野 生茂（ジェトロ・アジア経済研究所）

 報告3 The Short and Long Run Challenges to the Korean Economy: Some International Perspectives (E)   E. Young Song（Sogang University）

◎定例研究会

 日時 2016年4月16日（土）午後2時～5時

 会場 東洋大学白山キャンパス5号館3階5310教室

 報告1 Firm-to-Firm Technology Transfers along the Chains within and across Borders (E)

               町北 朋洋（ジェトロ・アジア経済研究所）

報告 2　Grounded by Gravity: A Well-Behaved Trade Model with External Economies (E)

　　　　　　　　　　　　　　　　　　Konstantin Kucheryavyy（University of Tokyo）

◎定例研究会

　日時　2016 年 5 月 21 日（土）午後 2 時～5 時
　会場　東洋大学白山キャンパス 5 号館 3 階 5310 教室
　報告 1　新しい地域開発協力（アジア・コンセンサス）の模索─「ワシントン・コンセンサス」と「北京コンセンサス」を超えて─

　　　　　　　　　　　　　　　　　　　　　　　　　　小林　尚朗（明治大学）

　報告 2　強制権なしの公共財供給メカニズムの解明：ネットワーク外部性とクリティカル・マス　　　　　　　　　　　古川　純子（聖心女子大学）

◎定例研究会

　日時　2016 年 7 月 16 日（土）午後 2 時～5 時
　会場　東洋大学白山キャンパス 4 号館地下 1 階 4B14 教室
　報告 1　Revisiting the Role of Distance on Geographical Price Dispersions of Rice in the Philippines (E)　　　　Olivia Quek（東京大学大学院）
　報告 2　選挙と保護主義─政治家の貿易政策の選好決定要因に関する実証分析

　　　　　　　　　　　　　　　　　　　　　　　　　　伊藤　萬里（青山学院大学）

＊上記においてタイトルの後に（E）がついている報告は，英語による発表である。

【中部支部】

◎冬季大会

　日時　2015 年 12 月 5 日（土）
　会場　名古屋市立大学滝子キャンパス 3 号館（経済学部棟）1 階大会議室
　報告 1　Market Integration and Tariff Cooperation between Asymmetric Countries

　　　　　　　　　　　　　　　　　　　　　　　　　　津布久将史（名古屋大学）

　報告 2　Domestic Product Standards and Free Trade Agreements

　　　　　　　　　　　　　　　　　　　　　　　　　　柳瀬　明彦（名古屋大学）

　講演　Offshoring, Relationship-Specificity, and Domestic Production Network

　　　　　　　　　　　　　　　　　　　　　　　　　　古沢　泰治（一橋大学）

　講演　TPP と日本経済再興　　　　　　　　　　　浦田秀次郎（早稲田大学）

◎春季ワークショップ

日時　2016 年 3 月 4 日（金）

会場　中京大学 1 号館 173 教室

報告 1　Gravity with Multiple Tariff Schemes　　　　　吉見　太洋（南山大学）

報告 2　The Theory of Partial Privatization　　　　　　都丸　善央（中京大学）

報告 3　Firm-level Utilization Rates of Regional Trade Agreements: Perspective from Importers　　　　　　　　　　　　　　　　　　　早川　和伸（IDE-JETRO）

報告 4　Division of Responsibility for Environmental Degradation Caused by International Transportation and Policy Intervention by Trading Countries

東田　啓作（関西学院大学）

◎春季大会

日時　2016 年 6 月 11 日（土）

会場　南山大学 名古屋キャンパス J 棟 1F 特別合同研究室（P ルーム）

報告 1　Invoice Currency and Export Patterns　　　　　吉見　太洋（南山大学）

報告 2　Population Aging, Retirement Policy, and Current Account Reversals

稲垣　一之（名古屋市立大学）

講演　名古屋と国際経済学

A Model for Liberalizing Nursing and Trade　　　小田　正雄（立命館大学）

【関西支部】

◎ 2015 年度第 3 回研究会

日時　2015 年 9 月 26 日（土）午後 3 時 00 分〜5 時 00 分

会場　関西学院大学大阪梅田キャンパス 1005 教室（アプローズタワー 10 階）

第 1 報告　Exchange rate Movements and Productivity: Evidence from Japanese Manufacturing Firms

報告者　西山　博幸（兵庫県立大学経済学部）

討論者　青木　浩治（甲南大学経済学部）

第 2 報告　Environmental Goods and Measures for their promotion: An analysis Using a Fair Wage Model

報告者　杉山　泰之（福井県立大学経済学部）

討論者　大川　良文（京都産業大学経済学部）

会　報

◎ 2015 年度第 4 回研究会
　日時　2015 年 12 月 5 日（土）午後 3 時 00 分～5 時 00 分
　会場　関西学院大学大阪梅田キャンパス 1005 教室（アプローズタワー 10 階）
　第 1 報告　　スウェーデンの欧州単一市場への統合と経済制度の変化
　　　　　　　　　　　　　　　報告者　丸山佐和子（神戸大学大学院経済学研究科）
　　　　　　　　　　　　　　　討論者　藤岡　純一（関西福祉大学客員教授）
　第 2 報告　　日系自動車メーカーの対東南アジア国際分業戦略形態の展開要因の分析と展望
　　　　　　　　　　　　　　　報告者　竹野　忠弘（名古屋工業大学工学部・経営系）
　　　　　　　　　　　　　　　討論者　井出　文紀（近畿大学経営学部）

◎ 2015 年度第 5 回研究会
　日時　2016 年 1 月 30 日（土）午後 3 時 00 分～5 時 00 分
　会場　関西学院大学大阪梅田キャンパス 1408 教室（アプローズタワー 14 階）
　第 1 報告　　Strategic Relationship between Skill Investment and FDI
　　　　　　　　　　　　　　　報告者　澤田有希子（大阪大学大学院経済学研究科博士後期課程）
　　　　　　　　　　　　　　　討論者　水野　敬三（関西学院大学商学部）
　第 2 報告　　Investing around, Similar Products Trade, and Patent Breadth
　　　　　　　　　　　　　　　報告者　東田　啓作（関西学院大学経済学部）
　　　　　　　　　　　　　　　討論者　市野　泰和（甲南大学経済学部）

◎関西支部　国際経済シンポジウム「EU 危機と欧州民主主義」
　日時　2016 年 3 月 26 日（土）14：30～17：30
　場所　関西学院大学大阪梅田キャンパス 1405 教室（アプローズタワー 14 階）
　報告 1　　ギリシャの債務危機と欧州民主主義
　　　　　　　　　　　　　　　報告者　尾上　修悟（西南学院大学経済学部）
　報告 2　　EU の危機とドイツ　　報告者　星野　郁（立命館大学国際関係学部）
　　　　　　　　　　　　　　　コメンテータ　髙屋　定美（関西大学商学部）
　　　　　　　　　　　　　　　　　　　　　　田中　宏（立命館大学経済学部）

◎ 2016 年度第 1 回研究会
　日時　2016 年 5 月 21 日（土）午後 3 時 00 分～5 時 00 分
　会場　関西学院大学大阪梅田キャンパス 1005 教室（アプローズタワー 10 階）
　第 1 報告　　Power Sector Reform and Blackout in India
　　　　　　　　　　　　　　　報告者　福味　敦（兵庫県立大学経済学部）

討論者　川端　勇樹（中京大学経営学部）
第2報告　　Labor Clauses in Regional Trade Agreements and Effects on Labor Conditions: An Empirical Analysis
報告者　鎌田伊佐生（神戸大学大学院経済学研究科）
討論者　斉藤　宗之（奈良県立大学地域創造学部）

◎2016年度第2回研究会
日時　2016年7月23日（土）午後3時00分〜5時00分
会場　関西学院大学大阪梅田キャンパス1005教室（アプローズタワー10階）
第1報告　　Trade and Environmental Policies with Domestic and International Transportation
報告者　川越　吉孝（京都産業大学経済学部）
討論者　神事　直人（京都大学大学院経済学研究科）
第2報告　　ツーリズム経済の環境政策が要素報酬と経済厚生に及ぼす効果
報告者　仲井　　翔（兵庫県立大学経済学研究科博士後期課程）
討論者　武田　史郎（京都産業大学経済学部）

【九州・山口地区研究会】
◎2015年度第2回研究会
日時　2015年12月26日（土）14：00〜17：30
場所　西南コミュニケーションセンター（西南学院大学東キャンパス）
第1報告　　企業の「異質性」とグローバル生産システム─「企業の成長」とembedded perspectiveと関連して─
報告者　石田　　修（九州大学）
討論者　松永　　達（福岡大学）
第2報告　　キャッセイFG（国泰金融控股集団）の"勝利の方程式"：世華聯合商業銀行と第七商業銀行のM&Aによる勢力の拡大
報告者　朝元　照雄（九州産業大学）
討論者　張　　韓模（佐賀大学）
第3報告　　中国遼寧省の地域経済一体化発展戦略─瀋撫新城を事例に─
報告者　牟　　　鋭（佐賀大学大学院生）
討論者　松石　達彦（久留米大学）

会　報

◎ 2015 年度第 3 回研究会
日時　2016 年 3 月 26 日（土）14：00〜17：30
場所　西南コミュニケーションセンター（西南学院大学東キャンパス）
第 1 報告　　台湾企業の対福建省投資の現状と特徴
　　　　　　　　　　　　　　　　報告者　張　　　舒（佐賀大学大学院生）
　　　　　　　　　　　　　　　　討論者　松石　達彦（久留米大学）
第 2 報告　　GATT 第 24 条作成の過程を巡って（1943 年〜1948 年）―FTA（自由貿易地域）規定の導入を中心として―
　　　　　　　　　　　　　　　　報告者　柴田　鎮毅（福岡大学大学院生）
　　　　　　　　　　　　　　　　討論者　日野　道啓（鹿児島大学）
第 3 報告　　Impacts of US Quantitative Easing on East Asia Currencies
　　　　　　　　　　　　　　　　報告者　中村　周史（中央大学）
　　　　　　　　　　　　　　　　討論者　久保　彰宏（大阪市立大学）

【追記】
『国際経済』第 66 巻（2015 年度）の会報 118 ページの【九州・山口地区研究会】2014 年度第 2 回研究会の記録に記載漏れがありました。以下のとおり，追加します。
　報告 4　　企業家・林百里と廣達電脳（クアンタ）の発展
　　　　　　　　　　　　　　　　報告者　中原裕美子（九州産業大学）

【本部・各支部事務局所在地】
　【本部事務局】　日本国際経済学会　本部事務局
　　　　　　〒 108-8345　東京都港区三田 2-15-45
　　　　　　慶應義塾大学商学部　大東一郎研究室気付
　　　　　　Tel&Fax: 03-5418-6707（大東一郎研究室）
　　　　　　E-mail: head-office@jsie.jp
　【関東支部】　日本国際経済学会　関東支部事務局
　　　　　　〒 102-8554　東京都千代田区紀尾井町 7-1
　　　　　　上智大学経済学部　蓬田守弘研究室気付
　　　　　　Tel: 03-3238-3213（直通）Fax: 03-3238-3086（事務室）
　　　　　　E-mail: m-yomogi@sophia.ac.jp
　【中部支部】　日本国際経済学会　中部支部事務局
　　　　　　〒 467-8501　名古屋市瑞穂区瑞穂町山の畑 1

名古屋市立大学大学院経済学研究科　川端康研究室気付
Tel: 052-872-5014　Fax: 052-872-5014
E-mail: jsie.chubu@gmail.com

【関西支部】　日本国際経済学会　関西支部事務局
〒603-8555　京都市北区上賀茂本山
京都産業大学経済学部　川越吉孝研究室気付
Tel: 075-705-3038（研究室直通）
E-mail: jsie-west@cc.kyoto-su.ac.jp

【日本国際経済学会ホームページ】
http://www.jsie.jp/

【学協会サポートセンター】
〒231-0023　横浜市中区山下町194-502
Tel: 045-671-1525
Fax: 045-671-1935
E-mail: scs@gakkyokai.jp

【学協会サポートセンターホームページ】
http://www.gakkyokai.jp/

会　報

日本国際経済学会　会則

［1950年6月2日制定，略，1994年10月16日改正，2000年10月22日改正，2001年10月20日改正，2003年10月5日改正，2008年10月11日改正，2010年10月16日改正］

（名称）
第1条　本会は日本国際経済学会 The Japan Society of International Economics と称する。
（目的）
第2条　本会は国際経済の理論，政策，実情に関する研究およびその普及をはかることを目的とする。
（事業）
第3条　本会は研究報告会，シンポジウム等の開催，機関誌および出版物の刊行，内外学会の連絡，その他本会の目的を達成するために適当と認められる諸事業を行う。
（会員）
第4条　本会に入会しようとする者は，本会の目的とする研究に従事する者（大学院博士課程または同後期課程在籍者を含む）で，会員1名の推薦により所定の申込書をもって理事会に申込み，その承認を得なければならない。
　2　会員は所定の会費を納入しなければならない。
　3　会員は研究報告会，シンポジウム等に出席し，また機関誌の配布を受け，これに投稿することができる。
（維持会員）
第5条　本会の目的に賛同し事業の達成を援助するため，所定の維持会費を納入する法人を維持会員とする。
　2　維持会員は本会出版物の配布を受け，維持会員の法人に所属する者は，本会の研究報告会，シンポジウム等に出席できる。
（会費）
第6条　本会の会費は次の通りとする。
　　　　正会員　　　　　年九千円
　　　　学生会員　　　　年五千円
　　　　法人維持会員　　年一口（三万円）以上
　2　継続して3年間会費の払込みがない場合，会員資格を失うものとする。

179

（役員）

第7条　本会の会務執行のため理事若干名，会計監査のため監事若干名を置く。

2　本会を代表するため会長1名を置く。会長は理事会において構成員の互選により選任される。

3　会長の職務を補佐するため副会長1名を置く。副会長は理事会において構成員の互選により選任される。

4　常務執行のため常任理事若干名を置く。常任理事は理事の中から会長が委嘱する。

5　理事会は，研究報告会等の開催，機関誌の編集発行，会員名簿の整備，会計等の日常会務を補助するため会員の中から幹事若干名を委嘱し，その中の1名を本部常任幹事とする。

6　本会に顧問を置く。理事長または会長の経験者を顧問とする。

7　理事として選出理事と特命理事を置く。選出理事の選出は，会員による直接選挙をもって行う。その選出方法の詳細は別に定める内規に準拠する。特命理事は，会長が若干名指名する。

　　選出理事，特命理事の任期は1期2カ年とする。重任を妨げない。ただし，会長および副会長の任期は2期を超えないものとし，原則として1期とする。

8　監事の選任は，会長が候補者を選考し，会員総会において決定する。

　　監事の任期は1期2カ年とする。重任を妨げない。

（理事会）

第8条　理事および監事を理事会構成員とする。

2　会長は，理事会を主催する。

3　理事会は，本会の事業および運営に関する事柄を企画立案して会員総会に諮り，または報告しなければならない。

4　理事会は，原則として毎年1回開催する。ただし，必要に応じて，会長は年複数回の理事会を招集することができる。

5　理事会は，理事会構成員の過半数の出席（委任状を含む）により成立する。

6　理事会の決定は，出席者の過半数の同意があったときとする。賛否同数のときは，会長が決定する。

7　本会の事務執行に必要な細目は理事会がこれを定める。

8　理事会が特に必要とする場合には，幹事は意見を述べることができる。

9　顧問は理事会に出席し，求めに応じて意見を述べることができる。

10　日本国際経済学会から推薦された日本経済学会連合評議員が日本国際経済学会の

理事会構成員でない場合には，日本経済学会連合に関する活動報告および関連する問題の討議のため，理事会への出席を要請する。

（会員総会）

第9条　本会は毎年1回会員総会を開く。理事会が必要と認めたときは，臨時会員総会を開くことができる。

　2　会員総会の議長は，その都度会員の中から選出する。

　3　会員総会は，本会の事業活動の決定，決算・予算の審議確定，監事の選任等を行うとともに，担当理事および監事から会務について報告を受ける。

　4　会員総会における決定は，出席会員の過半数の同意があったときとする。可否同数の場合は議長の決定に従う。

（地方支部および地方支部役員会）

第10条　各地方支部は，その支部に属する理事，監事，幹事，顧問をもって構成する支部役員会を置き，支部の諸事業活動を行う。

　2　新たに支部を設けるときには，支部規約を添付して理事会に申し出，承認をえなければならない。

（経費）

第11条　本会の経費は，会費，維持会費，補助金，寄付等により支弁する。

（会則の変更）

第12条　本会会則の変更は理事会で決定の上，会員総会の決議による。

（その他）

第13条　本会の事務所は理事会が定める。

　2　本会の名誉を毀損する行為があると認知された場合，理事会の決定により当該会員を除名することがある。

　3　学会本部および各地方支部はプライバシー保護のため，会員に関する記録は厳重に保管し，原則として会員名簿の貸出はしない。

「役員・本部機構」内規

［1994年10月16日決定，略，2003年10月5日改正，2010年7月17日改正］
［役員の種類］
1. 本会の役員
    1) 理事，監事，幹事，顧問を役員とする。理事の中から会長，副会長および常任理事を選任する。
    2) 理事および監事が理事会を構成する。
    3) 常任理事，理事，監事，幹事の人数は，理事会で審議した後，会員総会において決定される。
    4) 顧問以外の役員は，本部関係および各支部関係につき，それぞれの会務を分担する。
2. 会長
    1) 会長は，理事会において互選により決定される。互選は原則として副会長の会長としての信任投票の形で行う。
    2) 会長は，本会を代表してその会務を統括し，理事会では議長となる。
3. 副会長
    1) 副会長は，理事会において互選により決定される。
    2) 副会長は，会長を補佐し，会長に事故がある時は，その職務を代行する。
    3) 副会長は，原則として次期会長に選任される。
4. 理事・常任理事
    1) 理事として選出理事と特命理事を置く。
    2) 理事は，選出理事，特命理事ともに，正会員の中から選出・指名される。
    3) 選出理事の選出は，会員による直接選挙をもって行う。特命理事は，会長が指名する。特命理事は，理事会における正副会長の選任には関与できないが，それ以外の会務については選出理事と同等の資格を有するものとする。
    4) 常任理事は，理事の中より，会長が若干名を指名する。
    5) 常任理事および理事は，「常任理事・理事の職務分担内規」に定める会務および総会の議決する会務を執行する。
5. 監事
    1) 監事の選任は，会長が候補者を選考し，会員総会において決定する。
    2) 監事候補者は，正会員の中から選出される。

3）監事は，理事会における正副会長の選任には関与できないものとする。
　　　4）監事は，本会の会計を監査する。
　6. 幹事
　　　1）常任理事・理事の任務を補佐するため，幹事若干名をおく。
　　　2）幹事は，正会員の中から，常任理事・理事の推薦により，会長が任命する。
　　　3）会長は，幹事の任命について理事会に報告し，了承を得るものとする。
　　　4）幹事は，理事会の要請があるとき理事会に出席し，意見を述べることができる。
　7. 顧問
　　　1）顧問は理事会において決定される。
　　　2）会長経験者を顧問候補者とする。ただし，役員定年までであれば，会長経験者が理事・監事候補者に選ばれることは妨げない。
　　　3）顧問は理事会に出席し，議長の求めに応じて意見を述べることができる。
　　　4）顧問の身分は，本人からの申し出がない限り，終身とする。
　8. 役員就任承諾書
　　　1）役員を決定したときは役員就任承諾書を送付し，就任承諾の返事を求める。
　　　2）所属機関における重職就任，海外出張，病気療養等のため，長期にわたって本会の職務を分担できない場合は，理事，監事，幹事の就任を遠慮していただくことを明記する。

［役員数］
　1. 役員（顧問を除く）の人数は次の通りとする。

会長	1名
副会長	1名
常任理事	10名
＊理事（選出理事）	36名（会長，副会長および常任理事を含む）
＊理事（特命理事）	若干名
＊監事	若干名
常任幹事	1名
＊幹事	約20名

　　　　　　　　　　　　　　　　　　以上合計（＊印）約60名

　2. 役員（顧問を除く）の支部別配分は，支部別の会員数のほか，支部活動に必要な基本的役員数，本部事務局の担当，等を考慮の上，関東，中部，関西の3支部役員会の合議によって決定する。

支部別選出理事数は，当面，関東20名，中部3名，関西13名とする。支部別常任理事数は，当面，関東5名，中部1名，関西4名とする。特命理事は支部別理事定員の枠外とする。支部別監事数は，各支部1名ずつとする。

3. 一機関の役員数
    1) 同一機関からの選出理事は2名を上限とする。選出理事，監事，幹事を合わせ，原則として同一機関から2名を上限とする。
    2) 本部事務局および支部事務局の担当機関については，選出理事，幹事（ただし，常任理事をのぞく）を合わせ，3名まで選出することができる。
    3) 会長は正会員の中から特命理事を若干名指名することができる。特命理事は，本部事務局機関・全国大会主催機関としての業務を担ってもらうため，選出理事として女性・外国人が選出されなかったときの手当のため，地方・若手会員などとの情報・意見交換の必要性を満たすため，その他本会の活動上の必要性を満たすために，指名することができる。特命理事は，同一機関選出理事数限度枠にしばられない。また，役員改選年でないときでも指名することができる。その場合，任期は会長の任期に準ずるものとする。

[役員就任の年齢]
　顧問を除く役員は，役員就任の際，その改選年の3月31日現在で65才未満の者とする。

[役員の任期]
    1) 役員（顧問を除く）の任期は2年とする。
    2) 会長および副会長の任期は，原則として1期2年とする。事情により再選されることができる。3選されることはできない。
    3) その他の役員は，定年規定の範囲内で，重任できる。
    4) 任期途中に選出された役員の任期は，当該任期の残存期間とする。

[役員の退任・補充]
    1) 役員は，任期満了により退任する。（前出の[役員の任期]を参照）
    2) その他，次の場合に任期途中の退任を認める。なお，退任の事実は速やかに，全役員に通知されなければならない。
        ①役員から，公私のやむをえない理由により本学会での職務分担が不可能のため役員を辞退したい旨，文書により申出があった場合
        ②役員が死去した場合
        ③支部幹事校の移転にともなって幹事の交代が必要となる場合
    3) 役員選考年でないときも，理事会構成員に欠員が生じた場合，これを補充す

ることができる。ただし，選出理事の補充は，別に定める内規にもとづき，直接選挙における次点得票者をもっておこなうこととする。

[理事会]
1. 理事会の開催と役割
理事会は，会長の招集により開催し，本会の目的の遂行に関する重要事項を審議する。
  (1) 次の事項については，総会の承認を必要とする。
    1) 事業計画（研究報告全国大会，シンポジウム，講演会，機関誌発行，会員名簿発行，その他出版，内外学会との学術交流，学会記念事業，外国人学者招聘講演，等）
    2) 予算
    3) 決算
    4) 顧問を除く役員の人数
    5) 監事の選任
    6) 年会費
    7) 会則変更
    8) その他重要事項
  (2) 次の事項は，理事会が決定する。結果は，会員総会に報告する。
    1) 入会者
    2) 会長・副会長・常任幹事・幹事
    3) 役員の職務分担
    4) 各種の細則・内規・申合せ
    5) 日本経済学会連合の補助事業への推薦者
    6) その他，会員総会の承認を要しない経常的業務
  (3) 次の職務につく者は，会長が指名する。
    1) 日本経済学会連合評議員
    2) 日本経済学会連合の英文年報の執筆者
    3) 特命理事
    4) 選出理事選挙の選挙管理委員
2. 決定方法
理事会の議決は，出席の理事会構成員の議決権（委任状を含む）の過半数によって決する。

3. 文書による決定の場合

緊急の決定を要する案件が生じた場合，会長は，文書で全理事会構成員に諮った上，過半数の賛同をえて決定することができる。ただし，理事会において追認をえなければならない。

[会員（個人および法人維持会員）]

入会資格等は，「会員資格」内規の定めるところによる。

[会員総会]

1) 会員総会は正会員によって構成される。
2) 総会は，次の事項を議決する。
    1. 事業計画および事業報告の承認
    2. 予算，決算の承認
    3. 顧問を除く役員の人数
    4. 監事の選任
    5. 年会費に関する事項
    6. 「特別事業活動基金」に関する事項
    7. 会則の変更に関する事項
    8. その他，理事会で必要と認めた事項
3) 通常総会は毎年1回開催する。理事会は必要と認めたときは，臨時総会を開催できる。
4) 総会の議決には，出席正会員の議決権の過半数の賛成を要する。

[事務局]

1. 本部事務局
    1) 本会に本部事務局を置く。
    2) 本部事務局の所在地は，理事会が定めるが，原則として会長が所属する機関とする。
    3) 本部事務局は，常任理事・理事若干名および幹事若干名で運営する。
    4) 本部事務局の出納を担当する幹事を「常任幹事」とよぶ。
2. 支部事務局
    1) 関東支部，中部支部，関西支部を置き，それぞれ支部事務局を置く。中部支部は愛知県，岐阜県，三重県，石川県，富山県，福井県の範囲とし，中部支部より東の地域を関東支部，西の地域を関西支部とする。
    2) 支部事務局は，各種の支部事業を行う。

会 報

「常任理事・理事の職務分担」内規

[1993年決定，1994年10月16日改正，2001年10月20日改正，2010年7月17日改正，
2012年10月13日改正]

[本部関係]
　常任理事・理事の職務分担は次のとおりとするが，各職務につき，常任理事若干名と理事若干名が協力して業務を遂行する。常任理事の1名が責任者となる。各責任者は，業務の繁忙程度によって幹事の増員を会長に依頼できる。
　（a）総務担当
　　①理事会，会員総会における審議事項の整備
　　②各支部事務局との連絡
　　③名簿整備
　　④入会申込受付と資格チェック
　　⑤学会内外の諸通知
　　⑥学会記録
　　⑦学協会サポートセンターへの委託業務の管理
　　⑧機関誌掲載の会報記事
　　⑨日本経済学会連合評議員の選出事務
　　⑩日本経済学会連合の補助事業への推薦決定事務
　　⑪その他，総務に関することがら
　（b）財務担当
　　①年会費徴収状況の把握
　　②収入管理
　　③支出管理
　　④決算書の作成
　　⑤予算案の作成
　　⑥監事への監査依頼
　　⑦その他，財務に関することがら
　（c）編集・出版担当
　　①機関誌の発行（年2回）
　　②全国大会報告論文集め
　　③投稿論文の募集

④共同研究書の出版
　　　⑤世界経済研究協会との機関誌の発行部数・単価の相談
　　　⑥その他，編集・出版に関することがら
　（d）企画・渉外担当
　　　①シンポジウム開催
　　　②講演会開催
　　　③外国人学者招聘講演
　　　④外国人学者招聘の交渉
　　　⑤共同研究
　　　⑥学会記念事業（出版，その他）
　　　⑦内外学会との学術交流
　　　⑧法人維持会員の開拓
　　　⑨その他
　（e）全国大会（プログラム委員会）担当［任期1年］
　　　「全国大会運営」内規のうち，プログラム委員会に関する規定を実践する。
　（f）その他，記念事業等の大規模企画については，その都度担当を決める。
［支部関係］
　支部の研究報告・シンポジウム・講演会等の事業，および支部運営に関する諸会務を担当する役員若干名をおく。本部関係の職務を兼務することができる。
　職務分担は各支部の自主性に任せるが，一般的に，次のような職務がある。支部事務局は，総務および財務を兼務するものとし，場合によっては企画担当にも参加する。
　（a）総務担当　　　学協会サポートセンターへの依頼の如何にかかわらず，支部の研究報告会・大会／総会・シンポジウム・講演会等の通知。支部役員会の招集・議題・議事録，本部との連絡，等。
　（b）財務担当　　　決定した運営費を本部から受取り，支部活動に支出する。
　（c）監査担当　　　支部会計を監査。
　（d）企画担当　　　研究報告会，支部大会・総会，シンポジウム，講演会等のテーマ・報告者・討論者および会場の決定。
　（e）全国大会担当　当該支部に全国大会開催機関が決定した場合，上記プログラム委員会の委員となる。

会 報

「出版委員会の役割」内規

[1994年10月15日会員総会決定，2001年10月20日改正，2004年10月10日改正，
2010年7月17日改正]

1. 出版委員会の設置
   (1) 機関誌および出版物の刊行に関する業務を行うため出版委員会を置く。
   (2) 出版委員会は，12名の正会員で構成される。
   (3) 日本国際経済学会会長は，役員の中から出版委員会の委員長と副委員長を指名する。会長，委員長，副委員長が合議の上，残り10名の委員を指名する。
   (4) 委員指名の際には，前の期の出版委員会委員長および同副委員長を協議に加え，アドバイスを受けることができる。
   (5) 委員の任期は2年とする。事情により任期途中で交代することができる。任期途中での交代を希望する者は，委員長または同副委員長に申し出ることとする。
2. 出版委員会の組織
   (1) 委員長と副委員長のいずれか一方が機関誌 The International Economy の編集責任者となり，他方が『国際経済』の編集責任者となる。
   (2) 編集責任者の出版関連事務を補佐するため幹事2名をおく。
   (3) 投稿論文審査を行うため，編集責任者は，委員の中から審査責任者を選出する。
3. 出版委員会の役割
   (1) 出版委員会は，本部事務局と連携して，機関誌（The International Economy および『国際経済』）の発行に関わる以下の業務を行う。
      1) 機関誌に掲載する論文・記事等の決定および機関誌の編集。
      2) 全国大会共通論題報告者および共通論題討論者への原稿提出依頼。
      3) 投稿論文の募集および投稿の勧奨。
      4) 投稿論文の審査および採否の決定。
      5) 依頼論文を掲載する場合の執筆者の選定と執筆依頼。
      6) 会報記事等の執筆依頼。
      7) 印刷・編集会社との連絡。
      8) その他，機関誌の発行に関連して必要とされることがら。
   (2) 出版委員会は，日本国際経済学会の臨時の出版物の刊行に必要とされる業務を行う。

「投稿論文審査」内規

［1994年10月15日会員総会決定，2000年10月21日改正，2004年10月10日改正，
2010年7月17日改正，2016年6月4日改正］

1. 編集責任者は，投稿を受け付けた論文（投稿論文）を審査に付すか否かについて決定する。
2. 編集責任者が明らかに審査に値しないと判断して不採択とした場合，その結果を速やかに投稿者に通知する。
3. 投稿論文を審査に付すことを決定した場合，編集責任者は，投稿論文のテーマ・内容に配慮しつつ，出版委員会委員の中から当該論文の審査を担当する審査責任者1名を選任する。
4. 審査責任者は，原則として1名の匿名の審査員を選任する。審査責任者は，審査員選任の結果を編集責任者に通知する。
5. 審査責任者は，審査員に対して，2カ月を目処に所定の様式による「審査報告書」を提出するよう依頼する。
6. 審査責任者は，審査報告書の督促や論文原稿の手直しの要求等を含めて，審査過程における審査員および投稿者へのいっさいの連絡を担当する。
7. 投稿者による論文原稿の手直しは，審査責任者からの改訂要求日から1年に限り有効とする。
8. 審査責任者は，審査員から提出される「審査報告書」に基づいて所定の様式による「審査結果」をとりまとめ，編集責任者に送付する。当該「審査結果」は編集責任者が出版委員会の記録として保存し，次期出版委員会に引き継ぐ。
9. 編集責任者は，審査責任者より送付された審査結果に基づいて当該投稿論文の採否を決定する。また，決定の結果を速やかに投稿者へ採否の結果を通知する。
10. 審査に関するクレーム等に対しては，編集責任者と審査責任者とが連携して対処する。
11. 審査員および審査責任者に対して，担当した投稿論文1件ごとに謝礼を支払う。謝礼の金額については理事会において別途定める。
12. 投稿論文審査にかかる通信連絡費等の必要経費については，実費を支給する。

［注］審査員および審査責任者への報酬は1人1万円とし，編集責任者からの通知を受けて本部事務局が支払う。通信連絡費等必要経費の実費については，審査員，審査責任

者および編集責任者が自己の出費を領収書とともに本部事務局に通知し，本部事務局が各人に支払う．

「選出理事選考」内規

［2003 年 10 月 5 日会員総会決定，2012 年 10 月 13 日改正，2013 年 10 月 12 日改正］
［選挙による選出理事選任］
  1. 選出理事は会員による直接選挙によって選任する．
［選挙権］
  1. 正会員と学生会員は，選出理事選任のための選挙において選挙権を有する．
［被選挙権］
  1. 選挙によって選任される選出理事は，役員改選年の 3 月 31 日時点で満 65 歳未満の正会員とする．
［選挙の方法］
  1. 選挙は，全国を一区とした会員による無記名投票によっておこなう．
  2. 各会員は，支部の所属を問わず，本学会における全国全ての正会員の中から 8 名を選んで投票する．
  3. 総数で 9 名以上を記入した投票は全体を無効とする．また同一の者の複数記入については 1 票と計算する．被選挙権を有しない者への投票は無効とする．連記の定員に満たない投票はすべて有効とする．
  4. 下に定める支部別選出理事数枠にそって，得票上位者から支部別に当選としていく．ただし，同一機関からの選出理事数は 2 名を上限とする．また，最下位者が同一得票の場合には抽選によって決定する．
  5. ただし，最低必要得票数を 2 票とし，それを下回る場合には当選としない．
［支部別選出理事数］
  1. 支部別選出理事数は，支部別会員数と概ね比例配分とする．
  2. したがって，「役員・本部機構」内規にあるように，当面，関東 20 名，中部 3 名，関西 13 名とする．役員改選年の前年の理事会において，支部別選出理事数を確定する．
［選挙管理委員会］
  1. 選挙は，会長の指名する選挙管理委員 3 名によって構成される選挙管理委員会に

よっておこなわれる。
2. 選挙管理委員会は，役員改選年の7月末までに選出理事選挙の作業を終え，その結果を会長に報告する。

[補充理事選考委員会]
1. 上の投票によって支部別理事の定員を充足できない場合は，補充理事選考委員会を設置し，合議によって理事を補足選考する。
2. 補充理事選考委員会は，支部別会員数に鑑み，当面，会長の指名する関東・関西支部所属の顧問各1名および支部別得票高位者の中から6名（関東3名，中部1名，関西2名）の合計8名からなるものとする。

[女性・外国人理事および特命理事]
1. 上の投票によって女性理事，外国人理事が選任されなかった場合には，会長が原則として各1名を特命理事として指名する。
2. その他の特命理事は，会長が選挙結果を考慮して，理事の地域間，世代間分布のバランス，その他，本会の活動上必要と認めた場合に指名する。
3. 特命理事は支部別理事定員の枠外とする。

[選出理事の補充]
1. 「役員・本部機構」内規にしたがって選出理事が就任を承諾しなかった場合，任期途中で退任した場合には，各支部別選出理事枠にしたがい，最低必要得票数を満たす次点の者を選出理事とする。
2. 補充された選出理事の任期は，退任選出理事の当初の任期の残存期間とする。

「全国大会運営」内規

[1991年10月12日会員総会決定，略，2005年10月16日改正，2012年10月13日改正，2014年10月25日改正]

1. 全国大会の開催希望の申出と開催機関の決定
   (1) 開催希望機関は，学会本部へ毎年7月末までに申し込む。
   (2) 開催機関の決定は，申し込みの有無にかかわらず理事会で行う。
2. 全国大会準備委員会の設置
   (1) 開催機関に全国大会準備委員会を設置する。

(2) 全国大会準備委員会は，開催機関および開催地域支部の会員で構成する。
　　(3) 開催機関所属の理事1名を全国大会準備委員会の委員長とする。
3. 全国大会準備委員会の役割
　　全国大会準備委員会は以下の事項に関する作業を行う。
　　(1) 全国大会会場の設営。
　　(2) 全国大会プログラムの編集・印刷・発送等。
　　(3) 全国大会報告要旨集の編集・印刷・発送等。
　　(4) 全国大会運営に関連して行われる学会会員との諸連絡。
　　(5) その他，全国大会運営に必要とされる事務。
4. プログラム委員会の設置
　　(1) プログラム委員会を設置する。
　　(2) プログラム委員会は，役員6名および一般の正会員若干名で構成し，前年度理事会において会長と開催機関責任者が合議の上指名する。
　　(3) プログラム委員のうち1名は，開催機関から選出する。
　　(4) 役員6名の委員は，開催地域支部から3名，その他の支部から3名とする。
　　(5) プログラム委員会に委員長をおく。委員長は，前年度理事会において会長と開催機関責任者が合議の上，役員6名の委員の中から指名する。
　　(6) プログラム委員会の中に，自由論題分科会に関する分野別の担当者をおく。
5. プログラム委員会の役割
　　プログラム委員会は以下の事項に関する決定を行う。
　　(1) 共通論題のテーマ，報告者，コメンテーター，および座長。
　　(2) 自由論題の分科会のテーマと数，報告者，コメンテーター，および座長。
　　(3) 特別報告・日韓セッションの報告者，コメンテーター，および座長。
　　(4) 全国大会プログラムの全体の構成。
6. 共通論題報告
　　(1) プログラム委員会は，共通論題報告の申込者に対して，「報告概要（1,000字程度）」の提出を求める。
　　(2) プログラム委員会は，共通論題報告の申込みの有無にかかわらず，国内外の研究者に対して共通論題報告あるいは特別報告を依頼できる。この場合，報告概要の提出は不要とする。
　　(3) プログラム委員会は，本学会会員以外の研究者に共通論題報告に対するコメンテーターを依頼できる。

7. 自由論題報告
    (1) プログラム委員会は，自由論題の報告者数・分科会数を決定する際，分科会数を適正に保つとともに，報告について十分な討論を保証するよう報告者数を調整する。
    (2) プログラム委員会は，自由論題報告の申込みの有無にかかわらず，正会員に対して自由論題報告を依頼できる。
    (3) プログラム委員会は，本学会会員以外の研究者に自由論題報告に対するコメンテーターを依頼できる。
    (4) 報告申込みにあたっては，「報告概要（1,000字程度）」の提出を求める。
    (5) 報告推薦は被推薦者の了承を得た上で行うこととする。
8. 学生会員の全国大会報告
  学生会員は，指導教員または正会員からの推薦があり，プログラム委員会がそれを認めた場合には，全国大会報告が可能である。その場合，推薦者本人の了承を得た上で，報告申込の際に推薦者名を記載し，プログラムにも推薦者名を併記する。

「会員資格」内規

［2001年10月20日制定］

本会会則第4条，第5条，第6条に関して以下の内規を定める。
（会員の種類）
第1条　会員は，個人会員と法人維持会員とする。
第2条　個人会員は，正会員と学生会員とする。
第3条　学生会員は，学生の身分を有する者とする。
（入会資格）
第4条　個人会員への入会資格は，本会の目的とする研究に従事する次のものとする。
    (1) 大学等の教育・研究機関に勤務する者および勤務を経験した者
    (2) 大学院博士（後期）課程またはそれに準じる課程の在籍者および修了者
    (3) 企業・団体等に所属する研究者（少なくとも単独著・共著の研究論文は公表していること）
    (4) その他（所属を希望する支部役員会において (1)，(2)，(3) に準じる資格を

有すると認められた者）

第5条　法人維持会員としての入会資格は，本会会則第5条に適合する法人とする。

（入会手続き）

第6条　入会を希望する個人は，本会所定の「入会申込書」を学会本部に提出する。

第7条　法人維持会員は，本会所定の「入会申込書」を学会本部に提出する際，申込み団体の概要を記載したパンフレット等を添付する。

（退会）

第8条　退会を希望する会員は，退会希望を文書などにより学会本部に通知しなければならない。

第9条　継続して3年間会費の払込みがない場合，会員資格を失うものとする。

（所属支部）

第10条　個人会員は支部に所属する。

第11条　所属機関の所在地と会員の住所が別の支部に分かれている場合，所属支部はそのどちらかを選択することができる。

第12条　中部支部は愛知県，岐阜県，三重県，富山県，石川県，福井県の範囲とし，中部支部より東の地域を関東支部，西の地域を関西支部とする。

（再入会）

第13条　再入会の申込みは「再入会」であることを明示しなければならない。

第14条　再入会希望者は，入会申込書に加えて，過去の退会時の未納会費を支払わなければならない。

「日本国際経済学会小島清基金の運営」

［2005年10月16日会員総会決定，2007年10月7日改正，2010年7月17日改正］

（小島清基金の設置）

1. 小島清顧問の寄付に基づき，日本国際経済学会内に小島清基金（以下「基金」という。）を設置する。
2. 基金は，日本国際経済学会小島清賞を授与することおよび国際経済の研究に資する事業として必要と認められたものを支援することを目的とする。
3. 日本国際経済学会内に小島清基金運営委員会を設置し，基金の運営にあたる。基

金の管理は本部事務局において行う。

（日本国際経済学会小島清賞）
4. 日本国際経済学会小島清賞は，日本国際経済学会小島清賞研究奨励賞および日本国際経済学会小島清賞優秀論文賞とする。
5. 日本国際経済学会小島清賞研究奨励賞は，日本国際経済学会会員のうち国際経済に関する学術研究において特に優れた業績を上げた者であって，さらなる研究の奨励に値する者に対して授与する。
6. 日本国際経済学会小島清賞優秀論文賞は，日本国際経済学会会員であって，日本国際経済学会機関誌に掲載された論文のうち特に優れた論文の著者に対して授与する。
7. 受賞者には，賞状及び副賞を総会において授与する。副賞は，日本国際経済学会小島清賞研究奨励賞については100万円，日本国際経済学会小島清賞優秀論文賞については10万円とする。
8. 日本国際経済学会小島清賞の選考は毎年行う。
9. 日本国際経済学会小島清賞の選考は小島清基金運営委員会が行う。

（小島清基金運営委員会）
10. 小島清基金運営委員会は，日本国際経済学会小島清賞の選考その他基金による事業を実施する。
11. 小島清基金運営委員会の委員長は，直前の日本国際経済学会会長をもって充てる。
12. 委員は6名とし，日本国際経済学会会長および各支部役員会の意見を聴いて，委員長が任命する。
13. 委員長及び委員の任期は2年とする。
14. 小島清基金運営委員会に事務局を置く。事務局長は委員のうち1名を持って充て，委員長が委嘱する。
15. 小島清基金会計の収支決算を本部事務局において毎年行い，会員総会の承認を得る。
16. 小島清基金会計の監査は，日本国際経済学会の監事が担当する。
17. その他基金による事業の実施に必要な事項は運営委員会が定める。

廃止された内規等の記録

2010年10月16日の理事会において，以下の内規の廃止を決定した．

「投稿規定」内規［機関誌 "The International Economy"］

2010年7月17日の臨時理事会において，以下3件の内規の廃止を決定した．
1.「日本学術会議会員候補者・同推薦人の選出」内規
2.「日本学術会議研究連絡委員・日本経済学会連合評議員等の選出」内規
3.「科学研究費補助金の審査委員候補者の選出」内規

日本国際経済学会　出版委員会

委員長（*The International Economy* 編集責任者）
　　　　　　　　　　　　　　　　　　古沢　泰治（一橋大学）
副委員長（『国際経済』編集責任者）　近藤　健児（中京大学）
委員　　　　　　　　　　　　　　　青木　浩治（甲南大学）
　　　　　　　　　　　　　　　　　石田　　修（九州大学）
　　　　　　　　　　　　　　　　　浦田秀次郎（早稲田大学）
　　　　　　　　　　　　　　　　　大川　昌幸（立命館大学）
　　　　　　　　　　　　　　　　　小川　英治（一橋大学）
　　　　　　　　　　　　　　　　　櫻井　公人（立教大学）
　　　　　　　　　　　　　　　　　中條　誠一（中央大学）
　　　　　　　　　　　　　　　　　中本　　悟（立命館大学）
　　　　　　　　　　　　　　　　　東田　啓作（関西学院大学）
　　　　　　　　　　　　　　　　　藪内　繁己（愛知大学）
幹事　　　　　　　　　　　　　　　澤田　康幸（東京大学）
　　　　　　　　　　　　　　　　　柴田　　孝（大阪商業大学）

日本国際経済学会機関誌　投稿規定

1. 日本国際経済学会の機関誌（『国際経済』と THE INTERNATIONAL ECONOMY）は，学会の会員だけでなく非会員からの投稿も受け付ける。ただし，『国際経済』に非会員の投稿論文が掲載される際には，投稿者は学会に入会しなければならない。
2. 投稿論文は原著論文で，本誌以外に投稿されていないもの，また本誌以外での出版予定のないものに限る。
3. 『国際経済』の使用言語は日本語，THE INTERNATIONAL ECONOMY の使用言語は英語とする。
4. 投稿論文の長さは，『国際経済』では，図・表，参考文献，注を含め 20,000 字以内とする。THE INTERNATIONAL ECONOMY では，ダブルスペース A4 で図・表，参考文献，注を含め 35 枚以内とする。
5. 投稿論文はワープロ原稿とし，原則として，PDF 形式にして e-mail で送付することとする。また，原稿（3 部）や電子媒体物（CD-ROM，USB メモリスティック等）の郵送も受け付ける。ただし，電子ファイルの破損等による不具合が生じても，日本国際経済学会はいっさいの責任を負わない。
6. 投稿は，日本国際経済学会機関誌投稿受付係にて，随時受け付ける。
7. 論文の掲載の可否については，匿名の審査委員による審査に基づき，出版委員会が決定する。
8. 投稿論文の審査料は不要とする。また，論文の掲載が決定した場合の掲載料も不要とする。
9. 投稿論文は，掲載の可否にかかわらず返却しない。
10. 機関誌に掲載された論文は，独立行政法人科学技術振興機構（JST）の電子ジャーナルプラットフォーム J-STAGE（https://www.jstage.jst.go.jp/browse/-char/ja/）の電子ジャーナル『国際経済』と THE INTERNATIONAL ECONOMY に登載される。
11. 機関誌に掲載された論文の著作権（複製権，公衆送信権を含む）は，日本国際経済学会に帰属する。

日本国際経済学会機関誌投稿受付係
電子メール：jsie-journal @ jsie.jp

　ハードコピー原稿や電子媒体物等での投稿の場合は，本部事務局宛にご郵送ください。最新の本部事務局連絡先は，学会ホームページ http://www.jsie.jp にてご確認いただけます。

日 本 国 際 経 済 学 会

本部　事務局
　　　〒 108-8345　東京都港区三田 2-15-45
　　　　　　　　　慶應義塾大学商学部
　　　　　　　　　大東一郎研究室気付
　　　電話 & FAX: 03-5418-6707（大東一郎研究室）
　　　E-mail: head-office@jsie.jp
　　　http://www.jsie.jp/index.html
会費徴収業務・会員管理業務
　　学協会サポートセンター
　　　〒 231-0023　横浜市中区山下町 194-502
　　　　　　　　　学協会サポートセンター
　　　　　　　　　電話: 045-671-1525
　　　　　　　　　FAX: 045-671-1935
　　　　　　　　　E-mail: scs@gakkyokai.jp

新興国と世界経済の行方―貿易・金融・開発の視点―	国際経済 第 67 巻（日本国際経済学会研究年報）	

平成 28 年 10 月 31 日　発　行

編　集　兼　　日 本 国 際 経 済 学 会
発　行　所
〒108-8345　東京都港区三田 2-15-45
慶應義塾大学商学部
大東一郎研究室気付

印刷・製本　　中西印刷株式会社

〒602-8048　京都市上京区下立売通小川東入ル
電話 075-441-3155　　FAX 075-417-2050
発売　中西印刷株式会社出版部　松香堂書店

ISBN 978-4-87974-724-2